EN TUS MANOS, PADRE

WILFRID STINISSEN

EN TUS MANOS, PADRE
Abandonarnos en el Dios
que nos ama

EDICIONES RIALP
MADRID

Título original sueco: *Mitt liv i dina händer*

© 2004 *by* Libris bokförlag
© 2025 versión española de MIGUEL MARTÍN,
traducida de la inglesa de Ignatius Press,
by EDICIONES RIALP, S.A.,
Manuel Uribe 13-15 - 28033 Madrid
(www.rialp.com)

ISBN (edición impresa): 978-84-321-7156-7
ISBN (edición digital): 978-84-321-7157-4
ISBN (edición bajo demanda): 978-84-321-7158-1
ISNI: 0000 0001 0725 313X
Depósito legal: M-14715-2025

Impreso en España   *Printed in Spain*
Anzos, S. L. - Fuenlabrada (Madrid)

Padre, me abandono en tus manos;
haz conmigo lo que quieras.
Te doy gracias por lo que hagas.
Estoy preparado para todo, lo acepto todo.

Que se haga tu voluntad en mí como en
todas tus criaturas.
Eso es todo lo que quiero, Señor.

En tus manos encomiendo mi alma.
Te la ofrezco con todo el amor de mi corazón.
Porque te amo, Dios mío, y necesito entregarme
para abandonarme en tus manos, sin reserva,
y con completa confianza, pues tú eres mi Padre.

HERMANO CHARLES DE JESÚS (1858-1916)

ÍNDICE

PRÓLOGO

Los evangelios y la literatura espiritual señalan varias prácticas de importancia en el camino hacia Dios. Nos dicen que nos neguemos a nosotros mismos, nos perdonemos unos a otros, carguemos con nuestra cruz, con rapidez, y demos limosna. Debemos también amar a nuestro prójimo, rezar con los demás y en privado, ofrecer nuestras penas al Señor, y ser pacíficos. Todas estas cosas tienen su lugar, y nada debe ser descuidado, pero pueden hacer que nos sintamos confusos y divididos, y podemos incluso preguntarnos si encontraremos la fuerza para hacer todo lo que se requiere. En la lectura espiritual se nos forma en un ascetismo equilibrado, las lecturas de la Misa del día hablan de la oración, y quien dirige un retiro habla del amor. Tiran de nosotros en diferentes direcciones, y, en vez de encontrar paz, acabamos cansados. Lo que más necesitamos es una idea central, algo tan básico y comprensible que englobe todo lo demás.

En mi opinión, esa idea central es el abandono. Uno podría esperar de un carmelita que pusiera en el centro la oración. Eso hicieron santa Teresa de Jesús y san Juan de la Cruz. Pero hay otra conocida carmelita, santa Teresa de Lisieux, que estaba totalmente fascinada por el abandono. «Ahora lo que me guía es solamente el abandono, ¡no tengo otra brújula! Ya no puedo pedir nada ardientemente, sino el cumplimiento perfecto de la voluntad de Dios en mi alma»[1]. «Jesús se complace en mostrarme el único camino que conduce a ese fuego divino: ese camino es el *abandono* del niñito que se duerme sin miedo en los brazos de su Padre»[2].

Hace unos años, mi hermano y yo visitamos un monasterio trapense en Bricquebec, Francia. El subprior del monasterio nos habló del camino espiritual del antiguo abad Dom Vital Lehodey. Al principio él estaba completamente absorto por la liturgia, como cabría esperar de un monje trapense. Gradualmente, descubrió la oración mental y escribió su conocido libro sobre *Los caminos de la oración mental,* que se puede

---

[1] Teresa de Lisieux, *Historia de un alma*, Cap. 8, 83rº.
[2] *Ibid.* Cap. 9, 1rº.

encontrar en muchas bibliotecas de los monasterios. Al final, encontró una senda incluso más simple y recta, y escribió su también conocido libro *El santo abandono*. Este concepto no contradice la enseñanza tanto de santa Teresa como de san Juan de la Cruz. Si se leen cuidadosamente sus descripciones de la unión, se advierte que este total abandono es lo que constituye la verdadera esencia de la unión con Dios.

La vida de Jesús muestra que es aceptable elegir el abandono como una idea unificadora. Según la carta a los Hebreos, él dice al entrar en el mundo: «*Aquí vengo, como está escrito de mí al comienzo del libro, para hacer, oh, Dios, tu voluntad*» (Hb 10, 7). Y termina su vida con un acto de absoluto abandono: «*Padre, en tus manos encomiendo mi espíritu*» (Lc 23, 46). El abandono es verdaderamente el alfa y omega de su vida.

Podemos distinguir entre tres grados o etapas en el abandono. El primer grado consiste en aceptar y conformarse con la voluntad de Dios tal como se manifiesta en todas las circunstancias de la vida. El segundo es cumplir activamente la voluntad de Dios en cada momento de la vida. En el tercer grado, uno está tan completamente abandonado en Dios que se ha convertido en una dócil herramienta en sus manos. Ya no soy *yo* quien hace la voluntad de Dios, sino *Dios* quien cumple su voluntad a través de mí. En palabras de santa Teresa de Lisieux: «Durante largo tiempo, ya no me pertenecía a mí, estaba totalmente abandonada a Jesús, así él era libre de hacer conmigo lo que quisiera»[3].

---
[3] Teresa de Lisieux, *Manuscrito C,* 10vº.

1. ACEPTAR LA VOLUNTAD DE DIOS

Un problema que muchos tienen hoy es que no reconocen la voluntad de Dios en todo lo que sucede. No creen ya en una Providencia que permite *todo* lo que tiene lugar para lograr el bien de los que aman a Dios (cf. Rm 8, 28). Dicen con demasiada facilidad y superficialidad: «Pero no es voluntad de Dios que haya tantas guerras o que la gente muera de hambre o sea perseguida...». No, no es la voluntad de Dios que los seres humanos luchen unos contra otros. Él desea que nos amemos unos a otros. Pero cuando la maldad humana que se opone a su voluntad odia y mata a los demás, él permite esto como parte de su plan para ellos. Hemos de distinguir entre la realidad de la acción de quien, por ejemplo, nos calumnia y la situación resultante para nosotros como consecuencia de esa acción que no es querida por Dios. Dios no quiso el pecado, pero desde toda la eternidad ha tenido en cuenta las consecuencias de eso en nuestras vidas. Desea que crezcamos a través de esas cosas que otros nos hacen que suponen dificultades y penas.

Hay una tendencia profundamente enraizada en los seres humanos a fijarse en los defectos de los demás. Haciendo esto, nos perdemos lo que es esencial: aceptar y conformarnos con la voluntad de Dios en nuestras vidas, una voluntad que cuenta ampliamente con la oposición de los demás a la voluntad de Dios. Necesitamos mirar solo a Jesús. No era la voluntad del Padre que mataran a su hijo, ni inspiró a nadie que le matase. Consintió, sin embargo, que Jesús se ofreciera libremente en sacrificio por los pecados de la humanidad. Permitió que Jesús se entregara a la muerte. Jesús no dice, como oímos a menudo hoy: «Esto no lo quiere Dios, esto no puede ser voluntad de Dios». Él dice: «*¡Abbá, Padre! Todo te es posible, aparta de mí este cáliz; pero que no sea lo que yo quiero, sino lo que quieres tú*» (Mc 14, 36). Para cada uno de nosotros hay un cáliz que el Padre nos invita a beber. Nos cuesta darnos cuenta de que viene de él, pues una buena parte de su contenido viene de otras personas. En todo caso, es el Padre quien nos pide beber ese trago amargo. Así fue para Jesús, y es lo mismo para nosotros.

«Pero es tu providencia, Padre, quien lo pilota» (Sb 14, 3)

Dios lo tiene todo en su mano. Nada existe fuera de la esfera de su influencia. Nada puede alterar sus planes. Agustín formuló esta verdad de modo radical: «Nada sucede que el Todopoderoso no quiera que suceda, ya sea permitiéndolo o haciéndolo por sí mismo»[1]. Permitir que algo suceda es también una decisión de Dios.

Que Dios *permita* que ocurran algunas cosas es una piedra de tropiezo para nosotros. ¿Por qué es tan pasivo? ¿Por qué no interviene? ¿Cómo es posible Auschwitz y la cámara de tortura y la amenaza de una horrible guerra nuclear si Dios se ocupa de nosotros? Estas preguntas nos atormentan y no son fáciles de responder. En el capítulo 2 volveré a esto y trataré de mostrar por qué Dios dotó a los seres humanos con una voluntad libre, aunque sabía que esta verdadera libertad abriría el camino a terribles catástrofes.

Limitémonos por ahora al hecho innegable de que el Padre no impide la dolorosa muerte de su Hijo Unigénito. Este hecho es una especie de arquetipo, que nos muestra dos cosas claramente. La primera es que el sufrimiento e incluso la

---

[1] *Enchiridion de fide spe et caritate*, n. 24.

ruina total no significan una falta de amor por parte del Padre. La segunda es que el sufrimiento no es en vano; aporta fruto y tiene poder redentor. Desde que Jesús pasó por él, el sufrimiento se ha convertido en un instrumento de salvación. Esto se aplica no solo al sufrimiento que se soporta generosa y heroicamente. ¿Quién sabe cómo podríamos reaccionar en la cámara de tortura? Es suficiente que *intentemos* lo mejor que podamos aceptar el sufrimiento o que meramente permitamos cualquier cosa que nos suceda en nuestro camino. La Iglesia considera a los Santos Inocentes como mártires, aunque ellos nunca consintieron consciente o voluntariamente su violenta muerte.

Dios hace uso del mal en una forma superior y con tal habilidad que el resultado es mejor que si nunca hubiese mal. Para quienes nos encontramos en medio del mal, no es algo fácil de admitir. Pensamos que el precio que se debe pagar por esos buenos resultados es demasiado alto. Pero san Pablo se alegra cuando considera el «misterio», el plan magnífico de Dios, «*durante siglos escondido en Dios*» (Ef 3, 9), donde el mal y el pecado también han tenido su lugar. «*Porque Dios encerró a todos en la desobediencia, para tener misericordia de todos*» (Rm 11, 32). En este atrevido pasaje —que, estrictamente hablando, parece algo cuestionable, porque parece poner la iniciativa del pecado en Dios—, san Pablo nos asegura que incluso las mayores catástrofes, es decir, el pecado, contribuyen a la revelación del amor. Nada cae fuera del plan de Dios. Por eso, la tragedia del mundo, a pesar de todo su terror, no tiene carácter definitivo. Todo el absurdo de lo que la locura y la ceguera de la humanidad es capaz, queda atrapado en la amorosa omnipotencia de Dios. Él es capaz de encajar incluso el absurdo en su plan de salvación y darle así sentido.

En uno de sus cuentos jasídicos, Martin Buber escribe: «En la víspera de Yom Kippur, el gran día del perdón, Rabí Susa escuchó una vez al cantor en la sinagoga cantando de un modo maravilloso: "Y está perdonado". Luego él clamó a Dios: "Señor del universo, este canto no hubiese resonado nunca en tu presencia si Israel no hubiera pecado"»[2].

«Cierto que los malos hacen muchas cosas contra la voluntad de Dios —escribe Agustín—. Pero es tal el poder y la sabiduría de este Dios, que todo lo que parece adverso a su voluntad tiende a las metas justas y buenas que Él conoce de antemano»[3].

---

[2] *Die Ezra humlungen der Chasidim,* Zurich 1949, p. 387.
[3] *De civitate Dei,* 22, 2, 1.

En otras palabras: «Dios cumple su buena voluntad a través de la mala voluntad de otros. De este modo se realizó el amoroso plan del Padre [...] y Jesús sufrió la muerte por nuestra salvación»[4].

No es necesario distinguir cuidadosamente entre lo que Dios quiere positivamente y lo que Él meramente permite. Lo que permite es también parte de su universal, completa voluntad. Lo ha previsto desde el principio y ha decidido cómo va a usarlo. Todo lo que sucede tiene un rol en el plan de Dios. Él es tan bueno que todo lo que está en contacto con él deviene de algún modo bueno. La bondad de Dios es contagiosa e incluso le deja al mal algo de su propia bondad. «Dios es tan bueno —dice Agustín— que, en su mano, incluso el mal trae algo bueno. No hubiese permitido que el mal ocurriera si, gracias a su perfecta bondad, no hubiese logrado utilizarlo»[5]. ¿Quién puede atreverse a hablar de azar? «Nada en nuestras vidas ocurre por azar [...]. Todo lo que tiene lugar contra nuestra voluntad solo puede proceder de la voluntad de Dios, su Providencia, el orden que él ha creado, la permisión suya, y las leyes que ha establecido»[6].

---

[4] *Enchiridion,* n. 26.
[5] *Opus imperf. contra Julianum,* lib.5, n.60.
[6] *Enarrationes in Ps.,* 118, v. 12.

La distinción entre lo que Dios quiere y lo que simplemente permite es muy importante a nivel teológico. Sin embargo, cuando se trata de la vida real, con acontecimientos inevitables para nosotros, podríamos preguntarnos si la especulación sobre esa diferencia no es a menudo una sutil forma de escapismo. Por ejemplo: «Si Dios no quiere el mal que me sucede, no necesito aceptarlo. Entonces puedo con buena conciencia rebelarme contra ese mal».

Job no está interesado en tales distinciones. El mal que le aflige viene directamente del demonio. Con todo, Job dice: «*El Señor me lo dio, el Señor me lo quitó. Bendito sea el nombre del Señor*» (Jb 1, 21). El padre Jean-Pierre de Caussade (1675-1751) escribe a la Hermana Marie-Henriette de Bousmard: «Estad profundamente persuadida de que nada tiene lugar en este mundo, tanto en lo espiritual como en lo físico, que Dios no quiera, o al menos permita; por tanto, debemos también someternos a las permisiones de Dios en cosas que no dependen de nosotros, como a lo que es su absoluta voluntad»[7].

---

[7] Rev. Jean-Pierre de Caussade, S.J., *Letters,* Catholic Records Press 1921, p.127.

Un modo de vivir continuamente en Presencia de Dios

Si Dios es el creador de cielo y tierra y el gran director que conduce el drama del mundo y de la humanidad, me lo puedo encontrar en todas partes. Él derrama sobre mí su amor, y en todo lo que sucede. «*Abre la boca que te la llene*» (Sal 81, 10). No necesito considerar cuándo debo abrir la boca y cuándo mantenerla cerrada. Quiero tener siempre la boca abierta. Vivo en una tierra donde abundan la leche y la miel. En cada momento recibo comida abundante y sustanciosa. No siempre me sabe como miel, por supuesto. A veces parece amarga, pero sabemos que lo amargo es con frecuencia lo más saludable. La acción de Dios llena el entero universo, y puedo abandonarme en él y dejarme llevar por sus olas.

Buscamos a Dios, pero en realidad él no necesita ser buscado. Está en todas partes. Nunca podemos escapar de él. Todo habla de él, y todo actúa como mediador de él. No necesitamos recorrer largas distancias o comprar una brújula para encontrar el camino. Dios está en nuestra realidad diaria: nuestros padres, nuestro cuerpo y su salud o enfermedad, nuestros dones y limitaciones, nuestra riqueza, nuestra pobreza, y nuestro alto o bajo cociente intelectual. Tan pronto como dejamos de resistir a todo esto y nos abrimos a aceptar la realidad de Dios, comenzamos a vivir en su reino.

Incluso la moderna psicología tiene una cierta convicción de que es vitalmente importante para la persona aceptar sus propias características y no desear ser alguien distinto. El psicoterapeuta no busca primariamente enseñar al paciente nuevos modelos o caminos de conducta. Quiere ayudarle a aceptarse a sí mismo y no seguir negando o reprimiendo el pasado, sino más bien integrarlo. La transformación viene casi de uno mismo como resultado de esta completa aceptación. Pero es difícil para nosotros aceptar nuestro destino cuando no sabemos que Dios está detrás de él y que a través de él está en nuestras vidas. Por eso la capacidad de la psicología es limitada y nunca nos puede llevar a una total liberación.

Dondequiera que vayamos, encontramos a Dios. Cuando comenzamos a ver esto, nos reconocemos en el «ajajá» de la experiencia de Jacob. Él despierta del sueño y exclama: «*El Señor está realmente en este lugar y yo no lo sabía. [...] ¡Qué terrible es este lugar! Esto no es sino la casa de Dios y la puerta del cielo*» (Gn 28, 16-17). El sueño de la escalera que llegaba hasta el cielo, y por la que subían y bajaban los ángeles, hizo ver a Jacob que el cielo y la tierra están en contacto, y que los ángeles vienen continuamente con mensajes del cielo. En vez de eventos ordinarios y opacos, ahora nos encontramos con ángeles.

Muchos cristianos, sin embargo, se parecen a los discípulos que ven a Jesús caminando sobre el lago, pero creen que es un fantasma. Incluso María Magdalena se equivoca y cree que ve al jardinero, cuando era nada menos que el Señor quien se le estaba revelando. Ojalá fuésemos como la esposa del Cantar de los Cantares, que le reconoce a gran distancia: «*¡La voz de mi amado! Ya está aquí, ya viene saltando por los montes [...]. Vedle. Está detrás de nuestra tapia. Mira por las ventanas, atisba por las celosías*» (Ct 2, 8-9).

¿Cómo puedo saber que estoy viviendo lo que es voluntad de Dios? Esta es la señal: Si estás preocupado por algo, eso significa que no estás por completo abandonado a la voluntad de Dios. Quien vive de acuerdo con la voluntad de Dios no se preocupa por nada. Si necesita algo, lo abandona y se abandona él mismo en el Señor. Lo pone en sus manos. Si no obtiene lo que necesita, se mantiene tranquilo, como si lo hubiese recibido. No se asusta, pase lo que pase, porque sabe que eso es la voluntad de Dios. Cuando sufre la enfermedad, piensa: necesito esta enfermedad, de otro modo Dios no la hubiese permitido. Preserva así la paz en cuerpo y alma[8].

Este texto del *Starets* ruso Silvano (1866-1938), cuya santidad está ampliamente reconocida en la Iglesia Ortodoxa, puede servirnos como test. ¿Nos gusta o no cuando lo leemos? Si nos disgusta, es quizá porque no vemos las cosas que pasan en su correcto contexto, es decir, como algo en manos de Dios, que las utiliza para mostrarnos sus planes. Es irrelevante para Dios si el material es bueno o malo en sí mismo. Basta que él lo toque para que sea una buena herramienta.

Eso también es cierto para nosotros. Intentamos probar nuestra habilidad haciendo algo bonito con materiales pobres. Dale los alimentos más caros y delicados a un principiante en el arte de la cocina, y preparará una espantosa comida con ellos. Uno que domina ese arte, por otra parte, puede preparar algo apetitoso incluso con sobras. Aquí en la tierra hay límites, por supuesto. No podemos preparar una buena cena con mala comida, pero Dios puede. Nos podemos sentar

---

[8] Silouane, *Écrits spirituels,* Spiritualité orientale, 5 (Bellefontaine 1976, pp. 47-48).

a la mesa y comer lo que nos sirva sin peligro ni miedo. Siempre será algo saludable y sustancioso. Siempre es una fiesta, pues Dios se ofrece a sí mismo en todo lo que pide y hace.

Vista así, la omnipresencia de Dios toma un completo nuevo significado. Su presencia no es estática o pasiva. No es un mero espectador que contempla cómo la gente desperdicia su libertad y destruye sus planes. No tendría sentido abandonarse a un Dios impotente. Dios es amor activo, y todo lo que ocurre y lo que hacen los seres humanos queda integrado en su omnímoda actividad. Nadamos ahí.

Podríamos morir de sed corriendo de una fuente a otra, de una corriente a otra cuando tenemos un mar a mano, cuyas aguas me acompañan por todos lados. Todo lo que me sucede puede ser comida para mi alimentación, agua para lavarme, fuego para mi purificación y un canal de gracias para todas mis necesidades. Lo que trato de encontrar de otro modo me busca incesantemente y se me da a través de todas las criaturas. ¡Oh, Amor de Dios! ¿Cómo no saben las criaturas que libre y espléndidamente te das tú mismo y tus favores a ellas, mientras están buscándote por caminos y lugares donde no serás encontrado? Qué insensato rehusar respirar al aire libre, buscar un lugar donde poner el pie cuando tienes el campo completo ante ti; no conseguir encontrar agua cuando tienes un diluvio a tu disposición, no poseer y gozar de Dios, ni reconocer su acción cuando está presente en todas las cosas[9].

No hay un solo momento en que Dios no esté comunicando con nosotros. La mayor parte de lo que ocurre en nuestras vidas parece suceder accidentalmente y al azar. De vez en cuando, Dios revela su presencia. A veces vemos el hilo y lo agradecemos, pero él está *siempre* ahí; *todo* habla de él. Hay una ininterrumpida continuidad en la acción de Dios. *«No duerme el que te guarda. No, no dormita, no se duerme el que guarda a Israel»* (Sal 121, 3-4). Nosotros dormimos la mayor parte del tiempo. Sí, nuestra fe duerme. No notamos por eso nada extraordinario. En realidad, todo es extraordinario. Quizá el secreto pueda encontrarse en algunos santos que murieron jóvenes y que recorrieron un increíblemente largo camino en un corto tiempo. Ni un momento de sus vidas fue perdido. Nada de lo que sucedió fue en vano. Ellos sabían que en cada momento, en cada evento y circunstancia, en lo más pequeño que parecía destruir su «vida espiritual», Dios les daba una palmada en la espalda, y se dejaban impulsar por él.

---

[9] De Caussade, *Abandonment to Divine Providence,* p. 32.

Puede haber mucho escapismo en nuestro forcejeo por una «vida espiritual». Con frecuencia volamos —desde la concreta y aparentemente banal realidad, que está llena de la presencia de Dios— a una existencia artificial que coincide con nuestras propias ideas de piedad y santidad, pero donde no está Dios. En la medida en que decidimos por nosotros mismos dónde encontrar a Dios, necesitamos saber que no le encontraremos. Solo nos encontramos con nosotros, con una maquillada versión de nosotros. La genuina vida espiritual comienza cuando estamos preparados a morir. ¿Podría haber un modo más rápido de morir a nosotros mismos que dejar que Dios conduzca nuestras vidas de momento a momento y consentir continuamente a su acción?

Fe: Como quien ve al invisible (Hb 11, 27)

Se nos han dado ojos nuevos para descubrir la realidad divina, es decir, nuestra fe. La fe ve a través de la capa exterior y penetra en la sustancia de las cosas. Muchos cristianos piensan que la fe es algo que tiene que ver con un mundo etéreo, un regalo que nos permite alcanzar otra parte de la realidad. Es verdad que la realidad se hace más grande y amplia para quien cree. La fe revela nuevas áreas de realidad (la Trinidad, los ángeles, y cosas así), pero la fe también nos permite ver todo lo que encontramos de un modo completamente nuevo. Se ve la profunda dimensión de los eventos diarios. Por eso no hay ya nada ordinario para el creyente; nada carece de interés o aburre. Todo se hace excitante y fascinante.

Bellos pensamientos y teorías se quedan con frecuencia en nuestra cabeza y no cambian nuestras vidas. No son nuestros más importantes maestros. Estamos influenciados por los acontecimientos. En hebreo, el término usado para «palabra» y «evento» (*dabar*) es el mismo. Dios habla a través de los eventos. Cuando él habla a través de su Hijo, tiene lugar el mayor acontecimiento de la historia: la Encarnación. Cada evento es una palabra de Dios para nosotros. Él está en todo lo que sucede. Vivo en la presencia de Dios cuando acepto lo que sucede como un mensaje que procede de él sin rebelarme contra eso. Soy consciente de que él está continuamente trabajando para formarme y esculpirme. Esto no requiere muchos pensamientos ni palabras. Incluso el trabajo, que requiere toda mi atención, no me avisa de que estoy en presencia de Dios de ese modo. Lo único necesario en una actitud de aceptación, de decir «sí»; de dejar que Dios me cree.

Cualquiera que trata de vivir de este modo puede ver que eso no es fácil. Quizá podría no ser tan difícil si Dios nos crease directamente, sin recurrir a otras personas y eventos; pero requiere una profunda fe reconocerle en los incidentes ordinarios de cada día. La Encarnación siempre ha sido la gran piedra de tropiezo. Dios y los seres humanos estamos siempre echándonos de menos. Le buscamos en las grandes cosas, pero él se comunica y se revela en lo pequeño. Escribe san Juan: *«En esto conocéis el espíritu de Dios: todo espíritu que confiesa a Jesucristo venido en carne es de Dios; y todo espíritu que no confiesa a Jesús, no es de Dios. Ese es el espíritu del Anticristo»* (1 Jn 4, 2-3). Aun en la primera Iglesia, había muchos que encontraban dificultad en creer que Dios pudiese ser tan humano. Es verdad que creían en un Cristo celestial, pero no aceptaban que tuviera que ver con Jesús de Nazaret. Algo de esta herejía persiste en muchos de nosotros. Un síntoma de esto es la dificultad que tenemos para reconocer a un santo entre nuestros conocidos, a menos que haga algo sensacional. Una persona con la que nos encontramos a diario y a quien vemos en esta ordinaria humanidad no puede ser un santo. Para ser un santo, uno debe estar muerto, o muy lejos. La distancia nos permite ignorar lo pequeño, ordinario y humano, y lo convierte en algo grande, en un mito.

Es importante e incluso necesario interrumpir de vez en cuando nuestro trabajo a lo largo del día, y volvernos a Dios para decirle unas pocas «palabras de luz y amor». Mi fe me enseña que Cristo vive en mi corazón (Ef 3, 17) y que puedo encontrarle ahí. Requiere mucha más fe, sin embargo, reconocer a Dios en todo lo que sucede. Es más difícil verle en una persona que frecuentemente me molesta llamándome por teléfono a horas intempestivas que parar de vez en cuando en mi trabajo para recogerme en oración. Pero si no intento hacer lo primero, luego lo segundo no vale mucho tampoco. Un Dios a quien encuentro solo en mi interior, pero no en la gente y en los eventos, no está verdaderamente encarnado. Un peligroso dualismo surge de eso: el contacto con Dios queda reducido a unos momentos especiales, mientras la vida en general se vive sin Dios. Pero Dios no está limitado a un tiempo en particular. Podemos llegar a pensar que Dios estuvo especialmente activo durante el tiempo de que habla la Biblia, es decir, aparte de los relatos de la creación, durante unos dos mil años. Lo que leemos en la Biblia, sin embargo, es solo una pequeña parte de la historia sagrada, que comenzó en el comienzo del mundo y continuará hasta su final. Dios eligió algunos momentos y los iluminó de modo especial para que pudiésemos comprender que él guía toda la historia y está con la humanidad desde el principio hasta el fin. Leer la Biblia puede enseñarnos que la historia es siempre sagrada y que no importa cuánta gente cree: todos ellos pueden actuar sin contar con Dios, pero él es en todo caso quien dirige y lleva adelante toda la historia. Está presente en todo lo que sucede.

Nuestra vida es una continuación de esa historia sagrada. La Biblia da una breve descripción del comienzo de la historia (los relatos de la creación) y de su fin (el Apocalipsis: el final y decisivo combate entre la luz y las tinieblas) para que podamos captar que todo lo que sucede entre el principio y el fin está incluido en esta historia sagrada. No es posible describirlo todo, pues «... *si se escribieran una por una, pienso que ni aun el mundo podría contener los libros que se tendrían que escribir*» (Jn 21, 25).

La historia sagrada continúa, y Dios la está escribiendo a través de las vidas de cada uno de nosotros. Lo más importante es que creamos que es él quien escribe el libro de nuestras vidas, y que le permitamos escribirlo. No necesitamos comprender del todo lo que escribe. Ni podrían los autores sagrados que escribieron bajo la inspiración del Espíritu Santo comprender todo lo que el Espíritu quería decir. Eso sería revelado en el tiempo oportuno. Querer encontrar el significado exacto de lo que dice Dios en un episodio de nuestras vidas es curiosidad espiritual. Lo esencial es saber que Dios quiere decir algo *con todo lo que sucede,* y vivir con tal apertura y vigilancia que él pueda hacérnoslo ver cuando quiera.

«Has cambiado mi llanto en danza» (Sal 30, 12)

A menudo culpamos a otros o a las circunstancias si no avanzamos en la vida espiritual. No tengo tiempo para rezar, tengo demasiado trabajo, vivo estresado por mi entorno, los niños son muy ruidosos, no tengo apoyo en mi parroquia, mis hermanos o hermanas de religión no me comprenden, no tengo director espiritual... La lista sigue y sigue.

Si realmente creemos que Dios es nuestro Padre y que lo tiene todo en sus manos, sabemos que no hay nada que nos pueda detener en el camino. La oración de Charles de Foucauld comienza con «Padre». Si se suprime esa primera palabra, toda la oración queda incompleta.

¿Quién nos apartará del amor de Cristo? ¿La tribulación, o la angustia, o la persecución, o el hambre, o la desnudez, o el peligro, o la espada? [...]. Pero en

todas estas cosas vencemos con creces gracias a aquel que nos amó. Porque estoy convencido de que ni la muerte, ni la vida, ni los ángeles, ni los principados, ni las cosas presentes, ni las futuras, ni las potestades, ni la altura, ni la profundidad, ni cualquier otra criatura podrá separarnos del amor de Dios, que está en Cristo Jesús, Señor nuestro (Rm 8, 35-39).

La vida de Jesús es un excelente ejemplo de cómo lo que parece ser un obstáculo tiene un significado efectivo. Los fariseos, que rechazan a Jesús y quieren impedirle aparecer como el Mesías, fueron los únicos que, resistiéndose y matándole, le permitieron cumplir su voluntad. Su objetivo era, por supuesto, la Cruz. Los que le clavaron en ella no comprendían que estaban sirviendo a la voluntad de Dios. En las manos de Dios, nuestros verdaderos enemigos son quienes más nos benefician. El pez que trata de devorar a Tobit se convierte en alimento para él y el ángel le enseña a convertirlo en medicina (cf. Tb 6, 3-6). Quizá crees que, si un cierto enemigo que te persigue desapareciese, encontrarías la paz y finalmente serías capaz de rezar. Pero Dios usa justo a esa persona para profundizar tu paz, de modo que no siga dependiendo de circunstancias externas, sino que encuentre su fundamento en Dios. Así, tus enemigos se convierten en tus amigos.

En las *Cautelas* de san Juan de la Cruz, él exhorta a un hermano que mire a todos los demás hermanos de la comunidad como artesanos, con la tarea de formarle.

La primera cautela sea que entiendas que no has venido al convento, sino a que todos te labren y ejerciten; y así para librarte de todas las turbaciones e imperfecciones que se te pueden ofrecer acerca de las condiciones y trato de los religiosos y sacar provecho de todo acaecimiento: conviene que pienses que todos son oficiales que están en el convento para ejercitarte, como a la verdad lo son, y que unos te han de labrar de palabra, otros de obra, otros de pensamientos contra ti, y que en todo esto tú has de estar sujeto, como la imagen lo está ya al que la labra, ya al que la pinta, ya al que la dora.

Y si esto no guardas, no sabrás vencer tu sensualidad y sentimientos, ni sabrás haberte bien en el convento con los religiosos, ni alcanzarás la santa paz, ni te librarás de muchos tropiezos y males[10].

De algún modo, todas las personas son siervas de Dios. Todos sirven al mismo fin. La ironía del destino, o mejor dicho, el humor de Dios se organiza

---

[10] San Juan de la Cruz, *Cautelas,* n. 15.

para que con frecuencia quien se le resiste más le sirva mejor. En muchas vidas de santos, leemos sobre alguna dificultad o incluso una mala persona que proporciona la cantidad de persecución que parece necesaria para hacer santo a alguien. Pero una característica del cielo es su universal gratitud. Allí todos están agradecidos, tanto a los que les amaron en la tierra, como a los que fueron sus perseguidores. Cada uno hizo su parte, voluntaria o involuntariamente, para realizar el plan de Dios.

No podemos sacar por eso la conclusión de que podemos ser indiferentes ante todo lo que sucede. El estar libre de cuidados de que habla el Evangelio no es lo mismo que indiferencia. Jesús lloró sobre Jerusalén. Su pena no era por sí mismo, sino por los habitantes de Jerusalén. Las preocupaciones de que quiere librarnos son sobre todo las que dan vueltas sobre nosotros mismos. Una gran parte de las nuestras son de esa clase. Sentirse triste porque sean tan pocos los que se abran a Dios y confíen en él no preocupa realmente ni es algo que inquiete. Las lágrimas de esta clase vienen del amor, y tales lágrimas son siempre dulces.

«*COMO QUIENES NADA TIENEN, AUNQUE POSEYÉNDOLO TODO*» (2 Co 6, 10)

Creer que Dios puede también usar y transformar nuestras pobrezas interiores quizá es más difícil para nosotros. Con todo, esta pobreza puede devenir la más fiel sirviente de Dios. «El caballo produce estiércol en el establo», escribe Juan Taulero (1300-1361).

En sí mismo, el estiércol es repulsivo y contamina el aire. Sin embargo, el mismo caballo lo lleva con mucho esfuerzo a los campos, donde produce valiosa cosecha de trigo o excelente vino, una cosecha que no hubiera sido tan buena si no hubiese recibido ese fertilizante. Nuestras propias faltas, que por ahora no has dominado y puede que no lo consigas nunca, son tu estiércol. Dedícate a llevarlo diligentemente al campo de la voluntad de Dios con verdadero abandono. Echa tu fertilizante a la buena tierra, y sin la menor duda, preciosos y dulces frutos crecerán con humilde abandono[11].

¿Te sientes ansioso, seco, sin fuerzas o triste? Escribe de Caussade: «Esa tensión y desolación son versos en el cántico de la oscuridad. Es una alegría que ni una sola sílaba se pierda, y todo termina

---

[11] Citado en *La Vie Spirituelle*, n. 652.

en un "Gloria Patri"; por tanto proseguimos el camino de nuestros vagabundeos, y la misma oscuridad es una luz para guiarnos; y las dudas son nuestra mejor seguridad. El más confundido Isaac encontraría algo para sacrificar, y el más completamente decidido Abrahán puso todo en las manos de la Providencia, y confió enteramente en Dios»[12]. «Sigues aferrándote a tus miedos y dudas», le escribe a una hermana que se queja a él. «Les das muchas vueltas, en vez de despreciarlas y abandonarte enteramente en Dios, como te he dicho tantas veces en el pasado. Sin este feliz y santo abandono, nunca gozarás de una sólida paz»[13]. La Providencia de Dios es tan omnicomprensiva que nada cae fuera de ella y que incluso el pecado encuentra su propio sitio en ella, así que también nuestro abandono debe ser tan perfecto que aun nuestras preocupaciones, nuestras angustias, y nuestras tentaciones están incluidas en ella y encuentran allí su sitio. Ni siquiera nuestras angustias deben angustiarnos. No podemos vivir siempre en completa paz. «Si Dios se lleva tu paz interior, muy bien, continúa tranquilo; Dios queda siempre, aun cuando nada te quede»[14].

---

[12] De Caussade, *Abandonment to Divine Providence,* p. 76.
[13] *Ibid. Letters,* p. 189.
[14] *Ibid.* p. 363.

A veces, Dios puede parecer cruel. Podemos tener la impresión de que él quien es el gran atormentador. Pero si él nos prueba, es porque su misericordia no acaba nunca. Continúa creyéndolo todo, espera todo, y lo intenta todo para que lo soltemos todo y nos abandonemos. En vez de pensar que Dios es imposible, debemos estar agradecidos de que nunca se desanime. Dios nos conoce. Sabe lo apegados que estamos a nosotros mismos, e inclinados a hacer de nuestro propio ego el centro, incluso en nuestro amor. Sabe que si nos deja que experimentemos su dulce presencia demasiado pronto o durante mucho tiempo, estaremos tan satisfechos de nuestro amor por él que pensaremos más en eso que en él. Sí, nuestra naturaleza es tal que la dulzura de Dios puede hacernos olvidar a Dios. El amor de Dios por nosotros le lleva a parecer que nos deja, para que nuestro amor propio y orgullo no sigan cobrando fuerza. Cuando el amor propio deja de alimentarse, a la larga solo puede morir de hambre. Solo cuando el amor propio muere, y el centro ha pasado del individuo a Dios, puede él comunicarse sin peligro para nosotros.

«Al pasar por el valle del llanto, lo convierten en un manantial» (Sal 84, 7). Sí, cuando uno realmente acepta ir por ese valle, guiado por él, de repente se hace evidente que hay muchos

manantiales allí. No necesitamos esperar hasta haber recorrido todo el valle para recordar que hay fuentes en abundancia. Las descubrimos al pasar. Ese es uno de los milagros del abandono. Lo que parece monótono y sin esperanza para un forastero, y para quien se resiste obstinadamente a la guía de Dios, deviene glorioso para el que confía en Dios y le deja decidir. Al niño que hay en nosotros le gusta caminar de ese modo, con los ojos cerrados, llevado por otro, confiado sin condiciones. Santa Teresa de Lisieux cuenta cómo goza caminando de ese modo, agarrada a la mano de su padre y experimentando la seguridad de la completa confianza en alguien que la merece absolutamente. Cuando se ve de este modo, un sencillo paseo se convierte en una excitante aventura.

Si no nos atrevemos a caminar de la mano de Dios, ¿qué mano elegiríamos? ¿Puede Dios llevarnos por mal camino? ¿Podemos confiar más en nuestra propia limitada visión que en la suya que ve todo el viaje? ¿No es ridículo pensar que algunas cosas se nos pasarían por alto o que alguien o algo podría poner obstáculos en nuestro camino? Dios sabe exactamente lo que necesitamos. Todo lo que nos da corresponde cuidadosamente con nuestras necesidades. Él es el único que conoce nuestras *verdaderas* necesidades. Cuando nos quejamos, lo hacemos normalmente por nuestras necesidades *imaginarias*.

Quien se deja voluntariamente conducir por Dios camina por una senda muy recta. Se ahorra un infinito cúmulo de tiempo y dificultades. Muchos cristianos gastan mucha energía resistiéndose a Dios. En cuanto dejamos de forcejear, ganamos un increíble aumento de energía. Al punto, nos movemos a un paso más rápido y somos más felices. La resistencia ante la vida y sus circunstancias crea una atadura interior, que es la principal y más significativa razón de la infelicidad de la gente. Si este nudo desaparece, todo resulta más fácil. Entonces ya no hay posibilidad de frustración. La frustración viene cuando no obtenemos lo que pensamos que necesitamos, cuando lo que esperamos no sucede. Quienes confían en que Dios lo guía todo nunca quedan frustrados. Si no consiguen algo, saben que no lo necesitan. Si están esperando algo y no sucede, concluyen que no les conviene. No están decepcionados, porque todo es como tiene que ser; no en sí mismo; lejos de eso, sino como debe ser en el ambiente en que quieren vivir, un «ambiente divino».

«Porque me alegras, Señor, con tus hazañas» (Sal 92, 5)

Los que viven de este modo están contentos con Dios. Piensan que todo lo hace muy bien. Tienen, por supuesto, todo lo que necesitan, ni demasiado ni poco. Les gusta como a santa Teresita el pasaje de Isaías: «*Decid al justo que bien*» (Is 3, 10). «Sí, todo está bien cuando no se busca más que la voluntad de Jesús»[15]. Cuando Dios lo hace todo tan bien, no podemos hacer otra cosa que agradecerle. «Dios mío, me has dado mucho más de lo que esperaba y yo quiero cantar tus misericordias»[16]. Estas palabras no deben malinterpretarse, como si fuese fácil hablar así cuando todo «va bien». Humanamente hablando, no le iba bien a santa Teresa cuando las escribió. En la misma página leemos sobre su noche de la fe, que la privó completamente del gozo que antes experimentaba en su fe.

En una persona que está contenta con Dios y todo lo que él hace, hay una música interior, una canción que se canta sola. La monja carmelita María Angélica de Jesús (1893-1919), del monasterio de Pontoise, escribe: «En lo profundo de

---

[15] Teresa de Lisieux, *Historia de un alma,* cap. 10.
[16] *Ibid.*

mi ser hay algo que siempre canta, un Magnífi-cat que nunca cesa». Ella no se llama a sí misma «llama de alegría» por nada. Cuenta Monseñor Toccanier, que fue capellán con el santo Cura de Ars: «Un día, le dije al pasar: "Señor cura, el tiempo es malo hoy". Y respondió: "El tiempo es siempre precioso para el hombre justo, solo es malo para los pobres pecadores"»[17].

ABANDONANDO NUESTRO PASADO

Dios está presente en todo lo que sucede, si directamente lo quiere o lo permite. Hasta ahora hemos considerado sobre todo lo que se refiere al presente y al futuro. Si creemos que la Providencia de Dios lo abarca todo, vivimos en el presente con una abierta y conforme actitud. Todo lo que sucede es un mensaje de Dios para nosotros que recibimos e integramos en nuestra vida. Miramos el futuro sin preocupación, pues tenemos solo que avanzar en las buenas acciones preparadas para nosotros (cf. Ef 2, 10); todo está dispuesto por Dios.

¿Pero qué hay de nuestro pasado y de las cosas que no hemos aceptado todavía; heridas que no han curado, y que, por el contrario, se han

---

[17] Francis Trochu, *Le Curé d'Ars,* Paris 1929, p. 508.

infectado? A veces, una palabra desagradable de alguien o un evento insignificante en nuestra vida produce una reacción desproporcionada, que choca no solo a nuestro alrededor sino también en nosotros mismos. ¿Era quizá una vieja herida no curada que se pone al descubierto? ¿O es que somos de esos que nunca pueden estar contentos; que tienen en su interior una permanente y difusa tristeza, no porque se sientan extranjeros en la tierra y añoren la ciudad celestial (cf. Hb 11, 13-16), sino por algunos sentimientos no aceptados, reprimidos, que sofocan toda su vida emotiva? Conscientemente no hemos sido capaces de aceptar y conformarnos con lo mucho que nos ha herido cuando éramos pequeños, sencillamente porque Dios no era aún alguien real para nosotros. Ahora sabemos que él estaba ahí, pero no lo sabíamos entonces. Parece algo totalmente sin sentido, y todo lo que no tiene sentido produce un efecto desastroso. Quizá no es suficiente que comprendamos ahora que Dios estaba ahí. Ese conocimiento puede ser demasiado teórico, demasiado abstracto. Las teorías y abstracciones nunca han ayudado a nadie.

Estos eventos tan traumáticos en nuestra vida nos dan una oportunidad privilegiada para dejar que el amor de Dios sea algo concreto para nosotros. Lo que trata de hacer el psicoanalista trayendo experiencias traumáticas a nuestra consciencia, a menudo resulta más rápido y completo por la acción del Espíritu Santo. «*El espíritu humano es lámpara del Señor, que examina todo lo más hondo del ser*» (Pr 20, 27). Podemos pedirle que ilumine nuestro pasado y nos lleve a estos incidentes que todavía no hemos aceptado de todo corazón. Podemos ganar mucho tiempo si los analizamos con el Espíritu Santo. Un análisis ordinario normalmente lleva muchas, muchas horas. Si solo dedicamos la décima parte a contactar con el Espíritu, quien es nuestro verdadero y supremo terapeuta, en muchos casos progresaremos mucho más rápidamente.

Nada está escondido para él. «*No se te ocultaban mis huesos cuando en secreto iba yo siendo hecho [...]. Todavía informe, me veían tus ojos, pues todo está escrito en tu libro, mis días estaban todos contados, antes que ninguno existiera*» (Sal 139, 15-16). Él lo ve todo y conoce todo. Cuando nos abrimos a él, participamos en su conocimiento.

Es algo característico del Espíritu ponerlo todo en un más amplio contexto. Revela que el Padre estaba presente en todo lo que experimentaste en tu vida. Lo que pareció tan terrible y te dolió tanto no era en realidad tan malo. «*En todas las tribulaciones de ellos no fue un mensajero ni un ángel quien los salvó. [...] Él los redimió, y los tomó y los llevó todos los días de antaño*» (Is 63, 9). Dios cargó contigo cuando tú pensabas que flaqueabas; te rodeó con su amor cuando te sentías abandonado. El Espíritu te ayuda para que veas la realidad completa y no solo un pequeño fragmento. Es posible que no fueses bien recibido cuando naciste en este frío mundo, pero Dios te dio la bienvenida. «*Antes de plasmarte en el seno materno, te conocí*» (Jr 1, 5). «*[...] fuisteis portados desde el vientre, llevados desde el seno materno*» (Is 46, 3). Quizá tu madre no tenía tiempo para ti cuando eras pequeño. Quizá te sentiste abandonado por ella. Tal vez fuiste acosado en la escuela, o simplemente eres tan sensible y vulnerable que lo insignificante para otros causó profundas heridas en ti. Pero ahora, a la luz del Espíritu, comprendes que realmente nunca fuiste abandonado. «*Te he llamado por tu nombre: tú eres mío. Si atravesaras por aguas, estaría contigo; si por ríos, no te anegarían. Si caminaras por el fuego, no te quemaría, ni te abrasarían las llamas [...]. No temas, que yo estoy contigo*» (Is 43, 1-2.5).

«*Yo estoy contigo*». Puede decirlo con verdad porque él mismo ha pasado por eso. Ha sufrido la indiferencia, dureza y crueldad de la humanidad. Ha sufrido a través de toda tu angustia, soledad y desesperación. Todo lo que te hiere le ha herido a él antes. Tomó libremente todo eso sobre sí mismo, de modo que tú no tuvieses que decir nunca que estás solo. Nunca le puedes decir: «Tú no sabes lo que es esto, no sabes de lo que hablas». Sí, él sabe. Lo ha sufrido ya todo. Todo miedo, soledad y decepción se han encontrado juntos en él. Cada vez que te llega un recuerdo doloroso, puedes, por decirlo así, darle la bienvenida en nombre de Jesús. Todos tus recuerdos son también sus recuerdos, y tus heridas son sus heridas.

Un nuevo pasado

No solo tenemos la habilidad de dar forma y configurar nuestro presente y futuro, también tenemos poder sobre nuestro pasado. Cuando vemos nuestro pasado en la luz del Espíritu Santo, con los ojos de Dios, se vuelve a crear de nuevo. Lo que rezamos en los Salmos resulta verdadero: «*Haznos gozar por los días en que nos afligiste, por los años en que vimos la desgracia*» (Sal 90, 15). Recibimos un pasado completamente nuevo. El mejor momento para esta transformación de nuestro pasado está, por supuesto, en la Eucaristía. Lo mencionamos cuando decimos: «Pero una palabra tuya bastará para sanarme». Él viene a nosotros para curar todas las heridas, para convertir toda pena en alegría. ¿Le damos la oportunidad de curarnos? ¿Le mostramos nuestras heridas? Rezamos: «Dentro de tus llagas ocúltame»[18]. «*Por sus llagas fuisteis sanados*», leemos en la Primera carta de san Pedro (2, 24). Cuanto más en contacto estamos con esas llagas, más curan nuestras heridas. En la Eucaristía, el Señor viene a nosotros herido y sacrificado. Ese es el mejor momento para pedirle: «Jesús, cura estas heridas».

Tan pronto como le muestras tus heridas, y te presentas ante su poder de curación, comienza el proceso para curar que no es como cualquier otro. No es una cuestión de algo viejo que te ha dolido mucho y finalmente deja de atormentarte. La curación retrocede en el tiempo y cambia aquel momento en un momento de gracia. La herida que fue causa de tanto sufrimiento se transforma en una bendición, y toda la amargura que causó se cambia en sufrimiento lleno de sentido y fructífero. Cuando Israel no pudo beber el agua de Mará porque eran aguas amargas, Moisés clamó al Señor: «*Y el Señor le mostró un trozo de madera; Moisés lo arrojó al agua y el agua se volvió dulce*» (Ex 15, 25).

La madera que nosotros arrojamos en el agua amarga es la palabra «Amén»: está bien tal como

---

[18] Oración «*Anima Christi*».

es, y era bueno incluso entonces, porque tú, oh, Dios, estabas ahí.

Dios estaba ahí. Esto es lo primero y más importante que la lectura de las Escrituras pueden enseñarnos: Dios está ahí, en cada cosa que sucede. En la Biblia nos estamos encontrando con la causa primera, no la segunda. El acontecimiento más dramático en la vida de José, cuando sus hermanos le venden, era la mayor gracia de Dios. «*Dios me envió delante de vosotros*», dice a sus hermanos que habían llegado a Egipto para comprar grano, «*para aseguraros la subsistencia en la tierra, y conservaros la vida mediante una gran liberación. No me enviasteis, por tanto, vosotros aquí, sino Dios*» (Gn 45, 7-89). «*Vosotros planeasteis el mal contra mí, pero Dios lo planeó para el bien, para hacer, tal como hoy ocurre, que viviera un pueblo numeroso*» (Gn 50, 20).

Una memoria saludable

Poco a poco, toda nuestra memoria se va purificando y sanando. Nunca insistiremos bastante en el significado de tener una memoria sana y equilibrada. A menudo, la memoria es considerada como la menos importante de nuestras facultades espirituales (memoria, entendimiento y voluntad). Para Agustín, no es así. Él considera la memoria como el fundamento del que nacen las otras dos facultades. Gracias a la memoria, puedo «acordarme» de que vengo de Dios y estoy vinculado a él. Es la memoria la que me permite conocerme como la misma persona desde el nacimiento hasta la muerte. Es gracias a la memoria como sé que soy el mismo que cuando tenía diez años. Mi identidad depende de mi memoria. Toda mi vida está guardada en mi memoria.

¿De qué está llena mi memoria? ¿De disgustos, fallos, humillaciones? ¿Está llena de amarguras? Entendemos a san Juan de la Cruz cuando afirma: «[…] Todos los demás engaños que hace el demonio y males al alma entran por las noticias y discursos de la memoria»[19]. ¿Cómo puede Dios tratar con nosotros cuando nos despertamos cada mañana con una pesada carga que arrastramos día tras día? Pues no es necesario vivir de esta manera. Todas estas dificultades y cosas pesadas pueden ser transformadas y transfiguradas desde dentro, para llegar a ser recuerdos positivos llenos de luz. En lugar de recordar disgustos y frustraciones, recordamos ahora cómo vino Dios a encontrarnos en nuestra vida.

---

[19] *Subida del Monte Carmelo,* Libro III, cap. 4.

Mil gracias derramando,
pasó por estos sotos con presura,
y, yéndolos mirando,
con sola su figura
vestidos los dejó de su hermosura[20].

Recordamos este amor que viene a nuestro encuentro en todo, aun en los momentos más difíciles. Cuando Teresa de Lisieux comienza su autobiografía, piensa en la misericordia de Dios en su vida. «Haré solo una cosa: comenzar a cantar lo que voy a repetir eternamente: "Las misericordias del Señor"»[21]. Un poco después escribe:

No es mi vida propiamente dicha lo que voy a escribir, sino mis *pensamientos* acerca de las gracias que Dios se ha dignado otorgarme. Me encuentro en una época de mi existencia en la que puedo echar una mirada al pasado. Mi alma ha madurado en el crisol de las pruebas exteriores e interiores; ahora, como la flor fortalecida por la tormenta, levanto mi cabeza y veo que en mí se cumplen las palabras del salmo 22: "*El Señor es mi pastor, nada me puede faltar...*" El Señor ha sido siempre compasivo conmigo y lleno de mansedumbre... Lento para el castigo y rico en

---

[20] San Juan de la Cruz, *Cántico espiritual,* Canción 5.
[21] *Historia de un alma,* cap. 1.

51

misericordias... (Sal 102, 8). Por eso, Madre, gustosa vengo a cantar junto a usted las misericordias del Señor[22].

¡Eso es una memoria sana! Una memoria sana no es una que olvida las dificultades del pasado y recuerda solo los momentos felices. No, una memoria se cura en la medida en que coincide cada vez más con la memoria de Dios. Comenzamos a ver con sus ojos y a recordar su obra. Vemos que somos la «obra de sus manos». Nuestra memoria se cura en la medida en que abandonamos nuestro pasado en Dios y sabemos que es más su pasado que el nuestro.

[22] *Ibid.*

2. OBEDECER LA VOLUNTAD DE DIOS

En el capítulo anterior consideramos la primera etapa del abandono: aceptar y consentir la voluntad de Dios como se nos revela en las circunstancias de la vida. La podríamos llamar la dimensión pasiva del abandono, con tal de no confundir pasividad con pereza o negligencia. Cualquiera que intenta decir con Charles de Foucauld: «Lo que hagas conmigo, te lo agradezco. Estoy preparado para todo. Lo consiento todo», sabe que eso no sale automáticamente sino, más bien, demanda una activa y consciente decisión que puede costar sangre y lágrimas. Pero con cosas que ocurren independientemente de nuestra voluntad y en las que no influimos directamente, es suficiente decir: «sí, Padre».

La segunda etapa, sin embargo, consiste en el aspecto de la voluntad de Dios que nos da algo que *hacer* y viene con una tarea concreta que realizar.

Decir «sí, Padre» aquí significa poner la mano en el arado, siendo un obediente siervo de Dios.

La obediencia de Dios

Cuando hablamos de obediencia, nuestros pensamientos deberían dirigirse espontánea e inmediatamente a Dios. En la Santísima Trinidad hay una total y absoluta obediencia. Las tres divinas Personas están en perfecta armonía unas con otras. Ninguna de ellas quiere hacer lo que desagrade a las otras. El famoso icono de Rublev expresa esta absoluta concordia y armonía de modo excelente. No hay ni sombra de conflicto en la Santísima Trinidad. Cada uno consiente a la voluntad del otro. El Padre es la fuente de la vida. Quiere darse a sí mismo y engendra al Hijo que es como él. El Hijo quiere reflejar el ser del Padre. Quiere ser la Palabra del Padre y no otra cosa. «*El que me ha visto a mí ha visto al Padre*» (Jn 14, 9). El Espíritu es testigo de este amor mutuo y no desea ser otra cosa.

Esta divina obediencia se hace visible en Jesús. Él dice: «*Mi alimento es hacer la voluntad del que me ha enviado y llevar a cabo su obra*» (Jn 4, 34). «*Yo no puedo hacer nada por mí mismo […] porque no busco mi voluntad, sino la voluntad del que me envió*» (Jn 5, 30). «*Porque he bajado del cielo no para hacer mi voluntad, sino la voluntad de Aquel que me ha enviado»* (Jn 6, 38). *«En verdad, en verdad os digo que el Hijo no puede hacer nada por sí mismo, sino lo que ve hacer al Padre; pues lo que Él hace, eso lo hace del mismo modo el Hijo»* (Jn 5, 19). En su discurso de despedida al final de su vida, Jesús puede testificar: *«Yo te he glorificado en la tierra: he terminado la obra que Tú me has encomendado que hiciera»* (Jn 17, 4). Incluso después de su muerte, Jesús es obediente. El Padre le devuelve a la vida, y él deja que le devuelva. Su Ascensión al cielo es un final acto de obediencia. De ningún modo interrumpe él esta carrera. Él va al Padre por el camino más corto y rápido, y lleva con él a todos los que el Padre le ha dado. ¡Eso nos incluye a nosotros! *«Nos dio vida en Cristo [...], y con él nos resucitó y nos hizo sentar en los cielos por Cristo Jesús»* (Ef 2, 6).

Jesús nos invita a seguir este camino de obediencia con él y del mismo modo que él lo hizo. Si pedimos a un cristiano maduro que nos hable de su camino hacia Dios, siempre será una historia de obediencia, aunque la palabra misma no la mencione. Él ha dicho sí a Dios, y a veces un sí más consciente, decisivo, y quizá dramático, que ha dado fruto y le ha llevado a repetir sí una y otra vez. Sin un sí a Dios, nada puede madurar en la vida de una persona. Si una vida queda estéril, la razón que hay detrás es siempre la frecuente repetición de la palabra no.

Jesús quiere que nosotros, en él, participemos en la obediencia y unidad de la Trinidad. Nuestro sí nos lleva a su sí. «*Porque Jesucristo, el Hijo de Dios [...] no fue sí y no, sino que en él se ha hecho realidad el sí*» (2 Co 1, 19). En él y por medio de él, podemos participar de ese indescriptible sí trinitario que las personas divinas se dicen mutuamente.

¿Quiere Dios algo en cada momento?

Quizá la pregunta quede más clara cuando cite a mi antiguo profesor de filosofía, que solía decir que no necesitamos mirar a las estrellas para encontrar lo que Dios quiere, algo que él pensaba que todos los cristianos hacíamos a menudo. «La voluntad de Dios no está escrita en algún lugar del cielo. Como Dios nos ha dado una voluntad libre, también quiere que la usemos. Con tal de que no violemos expresamente la voluntad manifiesta de Dios y las leyes de la Iglesia, podemos decidir por nosotros mismos lo que queramos hacer. Si actuamos con sentido común, estamos haciendo la voluntad de Dios. De algún modo, somos quienes decidimos lo que es la voluntad de Dios, y los que la creamos».

Parece una idea atractiva, y puede entusiasmarnos, pero eso no prueba que el profesor tuviera razón. Una vez pregunté a un buen amigo si Dios quería algo en cada momento, incluso en las cosas más pequeñas. La respuesta fue inmediata: «Por supuesto, de otro modo la obediencia no tendría sentido». Con toda su sencillez, esa es una respuesta convincente. Es difícilmente concebible que la obediencia se aplicase solo a ciertas áreas de nuestras vidas o a algunos tiempos, aunque parece que muchos cristianos piensan así. Una parte del día se dedica al «deber»: trabajo, un poco a la oración, y luego durante las horas restantes hacemos lo que queramos; un tiempo de obediencia y un tiempo de libertad. ¿Puede eso ser correcto? ¿No es la obediencia una actitud de la vida, algo que influye y empapa la completa existencia de uno? Adrienne von Speyr escribe: «Uno no puede imaginar que cuando Jesús decidía predicar o rezar, lo hiciese pensando: "Lo mismo podría haber hecho cualquier otra cosa"»[1]. Se podría objetar que él tenía su propia voluntad y podía elegir por sí mismo o que quería hacer algo por el Padre y lo hacía según sus propios planes. Pero son objeciones infundadas. Lo decisivo es el incansable sí de Cristo, solo eso. La

---

[1] *Das Buch vom Gehorsam*, Einsiedeln 1966. pp. 101-102.

obediencia significa tanto para él que continuamente la hace una nueva expresión de su amor.

¿Podemos imaginar a María dividiendo su vida en tiempos de obediencia y tiempos de libertad? ¿No es ella la esclava del Señor, que vive bajo la guía del Espíritu Santo en cada momento, de principio a fin? «*Como los ojos de los esclavos miran a las manos de sus señores, como los ojos de la esclava a la mano de su señora, así miran nuestros ojos al Señor, nuestro Dios*» (Sal 123, 2). Así vivía María, con los ojos mirando a Dios. Su mirada era una sola pregunta: «¿Qué quieres que haga?» Y san Pablo escribe: «*Los que son guiados por el Espíritu de Dios, estos son hijos de Dios*» (Rm 8, 14). ¿Podemos pensar que el Espíritu de Dios guía a una persona solo de vez en cuando, cuando de hecho es la vida del Espíritu en nosotros lo que caracteriza la vida cristiana? San Pablo explica claramente que esta guía del Espíritu Santo no nos priva de nuestra libertad. El texto continúa: «*No recibisteis un espíritu de esclavitud*» (Rm 8, 15).

Limitarse a cumplir con los «deberes diarios» es un cristianismo inmaduro. Cada momento llega con su propio deber o más bien, su propia tarea: una invitación de Dios para que hagamos algo concreto. De Caussade dice que cada uno debe ser como la manecilla de un reloj que siempre se está moviendo y en cada segundo está exactamente donde debe estar. No hay un momento en la vida en que podamos decir: este es un instante que Dios ha olvidado, un momento vacío.

De Caussade distingue entre tres tipos de deberes:

1. Lo que debemos hacer porque es un mandamiento de Dios y de la Iglesia.
2. Lo que la Providencia de Dios permite que suceda y debemos aceptar (el primer capítulo trata de esto).
3. Todo lo que el Espíritu Santo nos inspira hacer. Esta última categoría llena eventualmente toda nuestra vida.

Dios quiere algo en cada momento, pero no es necesario buscarlo allá arriba en los «cielos». Está más cerca de nosotros que eso. *«El mandamiento que hoy te ordeno no es imposible para ti, ni inalcanzable. No está en los cielos para decir: "¿Quién podrá ascender por nosotros a los cielos a traerlo y hacérnoslo oír, para que lo pongamos por obra?" Tampoco está allende los mares para decir: "¿Quién podrá cruzar por nosotros el mar a traerlo y hacérnoslo oír, para que lo pongamos por obra?" No. El mandamiento está muy cerca de ti: está en tu boca y en tu corazón, para que lo pongas por obra»* (Dt 30, 11-14).

Hemos sido bendecidos como cristianos: conocemos lo que Dios quiere. Es un privilegio conocer su voluntad. Él quiere siempre lo mejor para nosotros, por supuesto. «*¡Dichosos somos nosotros, Israel, porque nos ha sido revelado lo que place a Dios!*» (Ba 4, 4). «*Él anuncia su palabra a Jacob, sus decretos y sus preceptos a Israel. No ha obrado así con ninguna otra nación, ni les ha dado a conocer sus preceptos. ¡Aleluya!*» (Sal 147, 19-20). O escucha a Moisés y con cuánto entusiasmo habla del gran privilegio de poder oír la voz de Dios y conocer lo que le agrada:

> *Interroga, pues, a los tiempos antiguos que te han precedido, desde el día en que Dios creó al hombre sobre la tierra: de un extremo al otro de los cielos ¿se ha producido alguna vez un acontecimiento tan imponente como este, o se escuchó algo semejante? ¿Oyó pueblo alguno la voz de Dios hablándole desde el fuego, como tú le oíste, y quedó con vida? […] Te ha hecho oír su voz desde los cielos para instruirte, y sobre la tierra te hizo ver su fuego sobrecogedor y oír sus palabras en medio del fuego* (Dt 4, 32-33.36).

Sí, verdaderamente desde el fuego. El Espíritu es un fuego dentro de nosotros. Si nunca hemos experimentado o al menos sospechado que tenemos un fuego en nosotros, no nos sorprenderá que no oigamos su voz.

Entended cuál es la voluntad del Señor (Ef 5, 17)

Si Dios quiere algo en cada detalle de nuestra vida, depende de nosotros «entender la voluntad del Señor». Para poder obedecer, debemos escuchar.

Dios nos habla desde fuera y desde dentro. Habla desde fuera a través de la Biblia, que es su palabra, y a través de la Iglesia, que interpreta y proclama su palabra. La Iglesia es la extensión de la Encarnación y ha recibido la garantía de Jesús mismo de que él está detrás de lo que ella dice. *«Quien a vosotros os oye, a mí me oye; quien a vosotros os desprecia, a mí me desprecia; y quien a mí me desprecia, desprecia al que me ha enviado»* (Lc 10, 16). Debemos dar prioridad a la voluntad de Dios que llega a nosotros desde fuera. Si hay un conflicto entre lo que a mí me parece ser la voluntad de Dios y lo que la Iglesia proclama ser la voluntad de Dios, debo preferir esto último. Claro que cada uno debe seguir su conciencia, pero una conciencia cristiana se deja iluminar por la Biblia y la Iglesia. Para un cristiano, la Iglesia es «Mater et Magistra»; él le permite que le eduque y le forme. Dios también habla a través de las circunstancias (ver capítulo primero) y nuestros deberes diarios.

A lo largo de estos caminos claramente determinados, sin embargo, hay un área donde las sendas no están señalizadas tan claramente. ¿Debes comprar un televisor o no, o si ya lo tienes, debes ver ese programa o no? Ni la Biblia ni la Iglesia dicen nada sobre eso. A veces, las circunstancias pueden llevarnos en una cierta dirección y otras veces en otra. En tales casos, es una cuestión de escuchar a Dios, que nos habla en nuestro interior. Creemos que el Espíritu mora en nosotros, que quiere guiarnos y no es indiferente respecto a lo que hacemos. Cuando pedimos luz sobre alguna cosa, no responde a la pregunta: «Es lo mismo, haz lo que quieras». Trabaja de un modo definido y concreto, no solo general, señalando por ejemplo el mandamiento del amor. Quiere que nuestra acción produzca fruto al modo que la lámpara puesta sobre el candelero alumbra a todos los de la casa (cf. Mt 5, 15).

¿Cómo saber lo que Dios quiere? Debemos «mirar el corazón y escuchar las inspiraciones de esa intuición», escribe de Caussade, «que interpreta la voluntad de Dios de acuerdo con las circunstancias. La acción divina, oculta como es, revela sus designios, no mediante ideas, sino intuitivamente»[2]. La teología escolástica habla

---

[2] *Op. cit.,* p. 79.

de «potencia obediencial»: una facultad que nos hace capaces de obedecer. Está en lo más profundo de nuestra alma. Por medio de ella estamos abiertos a Dios y en directo contacto con él. Es algo innato en los seres humanos. Puesto que Dios quiere revelarse a todos, crea seres humanos que sean capaces de recibir esta revelación. Desde que nace, la persona humana es una puerta abierta para el cielo. Por desgracia, con demasiada frecuencia se nos enseña a cerrar esta puerta.

¿Cómo funciona esta facultad de obediencia? Responde al querer de Dios por una atracción interior, un instinto y una intuición. No hay razón para dudar. No requiere mucho conocimiento propio saber que no toda atracción interior viene de Dios. Cuanto mejor se conoce uno y, mejor aún, cuanto mejor conoce a Dios, más fácil es distinguir entre lo que procede de nuestro ego y lo que viene de un nivel más profundo donde está Dios. Como Dios es un «Dios de paz» (cf. 1 Co 14, 33), su voluntad conduce, como regla, a una más profunda paz. Nuestro egoísmo nos lleva, por otra parte, al desaliento y el vacío. Aquí hay un criterio que puede ayudarnos a reconocer a Dios. Si sentimos una profunda paz después de responder a una inspiración interior, podemos creer que hemos dicho sí a Dios. Con frecuencia sabemos de antemano si una cierta acción nos traerá paz o inquietud. Comenzamos a desarrollar una habilidad de discernir, cosa que facilita reconocer a Dios.

Un típico ejemplo de una atracción que viene de Dios es la vocación religiosa o al sacerdocio. Uno pregunta a menudo: «¿Cómo puedo saber que he sido llamado?». No es generalmente mediante una voz del cielo que nos dice lo que debemos hacer, sino más bien por una certeza interior creciente de la invitación divina; una certeza que se confirma por la paz que uno experimenta cuando, después de mucha resistencia y un largo forcejeo, se advierte la seriedad de la llamada y se rinde finalmente uno a Dios.

Escuchar al Espíritu, que habla en nuestro interior, es algo totalmente diferente de obedecer a unas reglas o cumplir los propios deberes. Entendemos la diferencia mejor cuando pensamos en Jesús. Él no trata de realizar un plan detallado que tiene en su bolsillo. Su amor por su Padre es tan grande que no aparta la mirada de él ni por un momento. Continuamente mira al Padre para saber lo que debe hacer. Aquí todo se refiere al amor. Él sostiene un diálogo ininterrumpido con el Padre. El Padre pregunta, «¿Quieres...?» y el Hijo responde, «Sí, Padre».

Es algo muy lejano del imperativo categórico de Kant, o del chato y mediocre moralismo al que reducen con frecuencia al cristianismo.

Muchos se dirigen a Dios cuando tienen que tomar una importante o definitiva decisión en la vida. Se acercan a Dios como a un ordenador, por así decir, que responde a algunas preguntas. «No podemos poner nuestras vidas en manos de Dios», escribe Martin Lönnebo, «preguntándole qué debemos hacer en solo una decisión. Eso está equivocado. A menudo no obtenemos una respuesta clara cuando preguntamos algo a Dios en la oración. Podemos quedarnos tan perplejos después de la oración como estábamos antes. El secreto de la libertad evangélica consiste en no abandonar nuestra vida en Dios solo algunas veces. El secreto es más bien no dejar nunca a Dios. Poner tu vida entera en sus poderosas y tiernas manos»[3].

«¿Quién es el hombre que teme al Señor? Él le muestra el camino que debe elegir» (Sal 25, 12). Si nuestro sentido de la obediencia no se ha desarrollado con un continuo asentimiento a la voluntad clara y cierta de Dios, no podemos contar con poder percibir su voluntad cuando nos encontramos ante una decisión difícil y poco clara.

---

[3] Söndagstankar, "Valet", *i Svenska Dagbladet,* 16 de enero de 1983.

La condición para percibir los impulsos del Espíritu Santo es una fundamental actitud de disponibilidad y apertura. Podemos aprender esta actitud de María. Ella no hubiese sido la madre del Señor si antes no hubiera sido «la esclava del Señor». No plantea ninguna pregunta innecesaria sobre qué camino debe elegir. Sabe que ese camino es siempre su camino. «Para un cristiano que quiere distinguirse ante Dios», escribe Adrienne von Speyr, «siempre existe la posibilidad de intentar hacer grandes cosas por sí mismo, pero eso no llega muy lejos. El verdadero crecimiento consiste en ponerse sin reservas a disposición de la voluntad de Dios, que todavía no conoce. Esta forma de disponibilidad es típicamente católica. Esto trae consigo una completa apertura... Siguiendo el ejemplo del Señor, un católico nunca elige algo en particular. Elige obedecer y nada más»[4].

En un comentario a las palabras de san Pablo, «*¿No sabéis que vuestros cuerpos son miembros de Cristo?*» (1 Co 6, 15), ella escribe:

El hecho de que el Señor reina sobre nosotros y nos tiene a su disposición no es algo meramente

---

[4] Barbara Albrecht, *Eine Theologie des Katholischen...*, Einsiedeln 1972, Johannes Verlag. p 178.

teórico que nunca o raramente se manifiesta. Ni es algo limitado; más bien es algo real y absoluto que se expresa por el requerimiento de una total obediencia. Él quiere disponer de nosotros a su gusto con la misma facilidad con que una persona usa sus piernas. No tenemos que emplear tiempo pesando los pros y los contras en cada ocasión para ver si en este caso nos dejaremos utilizar o no, o hasta qué punto, si el Señor realmente pretende servirse de nosotros, o si algún otro podría prestarle ese servicio. Es solamente una incondicional disponibilidad, una voluntad de decir sí, una obediencia que, de hecho, ya existe más en el Señor que en nosotros. Debemos ser miembros de Cristo hasta el grado de recibir sus impulsos, tal como los miembros del cuerpo siguen los impulsos de la voluntad humana y se ponen en acción. El deseo del Señor de servirse de nosotros nos afecta por completo. No solo lo que sabemos, sino también todo lo que desconocemos[5].

Sí, incluso lo que desconocemos. Dios nos dice a cada uno: «Puedes hacer más de lo que entiendes». Hay mucho que dormita en nosotros y espera ser despertado. Dios quiere también servirse de nuestros poderes inconscientes y posibilidades. Eso explica el sentimiento de *überforderung* (excesiva

---

[5] *Ibid.* p.180.

demanda), que antes o después surge cuando nos ponemos a disposición de Dios. Creemos que no tenemos la fuerza; que Dios pide demasiado; pero tenemos más de lo que pensamos. Tenemos tanta fuerza como Dios quiera. Cuando da una misión, está obligado a dar la fuerza para realizarla. Si despertar los poderes del durmiente no es bastante, él crea nuevos o lo hace todo él mismo. Eso es lo que hace en los sacramentos. ¿Qué sacerdote puede decir por su propio poder: «Yo te absuelvo de tus pecados»?

Desprendimiento

La total disponibilidad presupone e incluye el desprendimiento. Ambas actitudes son las dos caras de una misma moneda. Quienes no prefieren una cosa u otra están desprendidos. No se ven arrastrados a una cosa u otra, o si lo están, procuran no prestar atención a esta atracción. No están pendientes de eso. Solo quieren una cosa: que se haga la voluntad de Dios «así en la tierra como en el cielo». Cuando eligen entre dos cosas, no eligen una y rechazan la otra. Tal elección es siempre una limitación y reducción: uno decide contra algo distinto. Quien vive el desprendimiento nunca decide contra nada. No elige una cosa, sino más bien la voluntad de Dios.

El "lo elijo todo" de santa Teresita en su vida de infancia no es una contradicción interna[6]. Para quien elige la voluntad de Dios, nada se pierde nunca. ¿Cómo puede uno perder algo eligiendo a Dios, que lo es todo (cf. Si 43, 27)? Es nuestro querer egoísta, nuestra natural parcialidad, lo que hace todo tan pequeño y estrecho. Tan pronto como abandonamos nuestros propios deseos, comenzamos a tener parte en la inmensidad de Dios. Esto no es algo que sabemos solo por la fe, sino algo que podemos experimentar claramente.

Cuanto más cerca estamos de este desprendimiento, menos planeamos. ¡Cuántos planes nuestros son pérdida de tiempo! Prevemos muchas cosas que nunca suceden, y debemos cambiar constantemente nuestros planes. Los que están desprendidos pueden esperar; tienen paciencia. La voluntad de Dios se revela a su tiempo, no antes. Martin Lönnebo habla de «la importancia de dar tiempo al tiempo. Para muchos de nosotros, una

---

[6] Teresa cuenta cómo su hermana Leonia vino un día con una canasta llena de ropa de muñeca. Ella dejó que Celina y Teresa eligieran entre estos tesoros. Celina tomó un manojo de trencillas que le gustaban. Teresa, sin embargo, estiró la mano y dijo: "Yo lo elijo todo" y agarró la canasta sin mayor ceremonia. Añade que este pequeño episodio de su infancia resume toda su vida. *Historia de un alma,* Cap. 1, 10rº.

decisión apresurada no es buena, especialmente si se basa en una emoción pasajera o un análisis intelectual. La más firme decisión debe hacerse con todo el cuerpo, y no solo en el corazón»[7]. Es en el corazón donde vive el Espíritu y donde percibimos sus impulsos. El Espíritu tiene sus planes, y cuando tenemos paciencia, nos los revela. Quizá no hay un modo más efectivo de morir a nosotros mismos que la paciencia. El hombre natural quiere saber lo que va a pasar. Quiere anticiparse, decidir y hacer planes. No hay límites para su impulsividad. Si no nos escuchamos y atendemos a lo que dice el Espíritu, el hombre maduro avanza a la muerte del amor propio.

Podríamos confundir el desprendimiento completamente si pensamos que nos convierte en una especie de marioneta. Dios no quiere gente que le obedezca como una máquina. Cada uno tiene su personalidad con un temperamento distinto y diferentes fuerzas y dones. Todo lo que somos y tenemos debe formar parte de nuestro servicio. Debemos amar a Dios con «todas nuestras fuerzas». No somos instrumentos sin voluntad que hacemos el trabajo mecánicamente. Cuando Dios quiere que hagamos un trabajo, eso se convierte en algo lleno de sentido y

---

[7] *Loc. cit.* en nota 28.

querido para nosotros. Tenemos que amarlo con el mismo amor con que amamos a Dios. Requiere un total abandono. La voluntad de Dios no planea sobre el trabajo, no está detrás del trabajo. La voluntad de Dios es el trabajo mismo. Así como la Palabra de Dios se encarnó, así también es su voluntad.

Vivir en el presente

Es una fuente inagotable de asombro y admiración que la voluntad de Dios, que es tan grande e inalcanzable y que gobierna todo el universo, pueda hacerse tan pequeña. ¿Cómo no pensar aquí en la Eucaristía? Podemos encontrar a Dios en la naturaleza, admirar su poder y majestad en la tormenta y su infinita grandeza en el océano, pero le encontramos mucho más en la pequeña hostia. Allí, en lo que parece ser solo un pedacito de pan, está concentrada toda su presencia. Algo así sucede con la voluntad de Dios. Puedo especular con Teilhard de Chardin sobre la voluntad de Dios para el mundo y la humanidad, sobre el desarrollo hacia el punto omega, pero vivo mucho más en la voluntad de Dios cuando hago el pequeño trabajo ordinario que él me da hacer justo ahora. Sí, cuanto más conscientemente vivo y más concentrado estoy en el momento, más estoy unido a la voluntad de Dios. Es en las cosas más pequeñas donde encuentro lo más grande.

Cada persona viene al mundo con un sueño de hacer algo grande en su vida, algo que dejará huella y dará fruto. Dios mismo inspira este sueño. Es él, por supuesto, quien hace grande a la persona humana. *«Lo has hecho poco menor que los ángeles, le has coronado de gloria y honor»* (Sal 8, 6). Si pudiésemos comprender que podemos realizar nuestro sueño solo estando totalmente presentes ante las pequeñas e insignificantes cosas que tenemos que hacer en cada momento... Encontramos lo infinito de Dios solamente en el momento presente. Cuanto más centrados estamos en el momento, más claramente el eterno ahora de Dios se revela.

Lo infinito de Dios viene a nosotros como a través de un embudo. Se hace tan pequeño y estrecho que es difícil para nosotros reconocerlo. Viene solo gota a gota a través de la pequeña abertura. El embudo es el momento presente. Cuando pongo mi boca en la salida, estoy alimentado por el infinito. Esto es también algo que podemos experimentar. Cuanto más centrados estamos y vivimos de momento en momento, más espacio se nos abre y sentimos que estamos viviendo en una especie de infinitud. El presente momento es la encarnación de la eternidad de Dios. Los que viven en el momento presente beben incesantemente la eternidad.

En el estado de abandono —escribe De Caussade—, la única regla es la tarea del momento presente. En esta el alma es ligera como una pluma, líquida como el agua, sencilla como un niño y activa como una pelota en recibir y seguir todas las inspiraciones de la gracia. Tales almas no tienen más consistencia y rigidez que el metal fundido. Como este toma la forma de acuerdo con el molde en el que se vierte, así estas almas se pliegan y son receptivas de cualquier forma que quiera Dios darles. En una palabra, su disposición se parece a la atmósfera, que fluye dentro de cualquier vaso llenando exactamente cada hueco[8].

Hay una tremenda flexibilidad y movilidad en los que tratan incansablemente de vivir en el momento presente. Están completamente sincronizados con Dios. De ordinario, nosotros quedamos atrapados en lo que era la voluntad de Dios, pero ya no lo es, o ya vivimos en lo que podría ser la voluntad de Dios, pero con frecuencia no llega a ser. La experiencia muestra que estamos siempre haciendo malos pronósticos.

---

[8] *Op. cit.* p. 58.

A menudo vivimos en el pasado y el futuro al mismo tiempo, lo que nos da un sentimiento de división interior y es quizá la principal causa de nuestro agotamiento. No hemos abandonado nuestro pasado con sus culpas y dolorosas heridas. Lo llevamos a cuestas como una carga pesada. Ni nos atrevemos a abandonar nuestro futuro en Dios. Tememos que quiera aprovecharse de nuestra confianza. Cuántos hay que no se atreven a rezar: «Haz conmigo lo que quieras. Por cualquier cosa que hagas conmigo, te doy gracias. Estoy preparado para todo. Lo consiento todo. Que se haga solo tu voluntad en mí y en todo lo que has creado». Con todo, ellos rezan muchas veces al día: «Hágase tu voluntad así en la tierra como en el cielo».

Cuando estamos tan preocupados con nuestro pasado y nuestro futuro, naturalmente no nos queda energía ni apertura para el momento presente, el único momento en que viene la voluntad de Dios. Tal como solemos soslayar nuestra verdadera personalidad, que es «*luz en el Señor*» (Ef 5, 8), también buscamos la voluntad de Dios fuera del camino, en el lugar equivocado. Siempre llegamos demasiado pronto o demasiado tarde y nunca en el momento presente. Nos empeñamos en querer comer algo distinto de lo que Dios nos sirve, y luego nos sorprendemos de tener una indigestión. Preferimos comer algunas sobras, o algo que no está bien cocido, y pensamos que es extraño que no nos sintamos bien.

Si, por otra parte, tratamos de estar sincronizados con Dios, experimentamos un bienestar tanto en el cuerpo como en el alma; adquirimos elasticidad. Vivir en el presente es realmente un inapreciable ejercicio. Trabajamos y dejamos de trabajar, leemos y dejamos el libro una y otra vez, hablamos y nos callamos, comemos y dormimos, siempre totalmente en presente, pero en un entorno siempre cambiante. Nunca hacemos dos cosas a la vez, siempre una después de otra. Giramos en diferentes direcciones, según el momento presente, que es el embajador de Dios, nos invita. Somos, como san Juan de la Cruz, un «pájaro solitario vuelto el pico hacia donde viene el aire»[9], esto es, hacia el Espíritu Santo. Dice Jesús: «*El viento* [espíritu, en griego] *sopla donde quiere y oyes su voz, pero no sabes de dónde viene ni adónde va. Así es todo el que ha nacido del Espíritu*» (Jn 3, 8). No necesitamos conocer. Lo único que importa es ser dócil. El mejor remedio para el reumatismo espiritual del que sufrimos la mayoría de nosotros es este continuo ejercicio. Nuestras reacciones quedan impedidas o son

---

[9] San Juan de la Cruz, *Cántico Espiritual,* Códice A, 24.

lentas porque nos aferramos a antiguas experiencias y modelos acostumbrados.

Cuando estamos totalmente sincronizados con Dios, nunca nos perdemos algo. Recibimos exactamente lo que él quiere darnos, y siempre en completa medida. Al mismo tiempo, recibimos un mínimo de innecesarios contratiempos y sufrimientos inútiles.

Inmensidad y unidad

Los que hacen su propia voluntad están constantemente tratando con sus propias limitaciones. Todo está centrado en ellos y lleva esa huella. Cuando el ego toma decisiones autónomamente, todo lo que sucede es egocéntrico y marcado por las limitaciones del ego. Pero cuanto más obedece una persona, más desaparece el ego, permitiéndole hacer la voluntad de Dios. No conoce límites la voluntad de Dios. Quiere estar en todo, en todas partes (cf. 1 Co 15, 28). Vivir en esta voluntad es vivir sin límites, compartir esta inmensidad. Como resultado, la vida de uno refleja una interior armonía y unidad.

He hablado de una elasticidad y flexibilidad que hace a la persona capaz de una multitud de constantes tareas cambiantes. Pero esta multitud no excluye la unidad (así como la «trinidad» en

Dios no excluye su unidad). Los que obedecen la voluntad de Dios hacen esencialmente siempre la misma cosa. Es la voluntad de Dios lo que da a las cosas su sustancial realidad. En sí mismo todo lo creado es «vanidad de vanidades» (cf. Qo 1, 2). También santa Teresa de Jesús dice: «Todo es nada y menos que nada lo que se acaba y no contenta a Dios»[10]. Pero tan pronto como algo entra en el campo magnético de la voluntad de Dios, su vacío se llena. Es la misma corriente eléctrica que fluye a través de todo lo que entra en contacto con la voluntad de Dios. En sí mismos, los objetos son como los huesos secos sobre los que leemos en Ezequiel, pero cuando el Espíritu de Dios se infunde en ellos se convierten en seres humanos vivos (cf. Ez 37, 1-14). De Caussade habla de una doble «reducción». Primero, todo se reduce a nada: «Cuando todo lo creado se disuelve de ese modo en nada...» o, en palabras de san Pablo, «Considero que todo es pérdida ante la sublimidad del conocimiento de Cristo Jesús, mi Señor. Por él perdí todas las cosas y las considero como basura con tal de ganar a Cristo» (Flp 3, 8). En segundo lugar, todo se somete «al orden de Dios». Lo que tenemos que hacer en cada momento y lo que en sí mismo pertenece a

---

[10] *Libro de la Vida,* Cap. 20.

esta «nada» recibe de repente un nuevo valor por voluntad de Dios. Su voluntad hace resurgir de nuevo a lo que estaba muerto[11].

Como es solo la voluntad de Dios lo que da a las cosas su realidad, quien obedece a Dios siempre hace la misma cosa. Las ocupaciones solo cambian en la superficie. «Una persona contemplativa», escribe Chapman (1865-1933), y me gustaría traducirlo por «una persona que vive en completo abandono a la voluntad de Dios...»:

> Hace lo mismo noche y día. Reza, desayuna, trabaja o descansa, pero sabe, por encima de todo, que está haciendo la voluntad de Dios. Las diferentes ocupaciones le parecen manifestaciones visibles de una permanente disposición.
>
> Pensemos en un largo paseo; uno va cuesta arriba o cuesta abajo, con lluvia, sol o viento, pero la acción de caminar es siempre la misma, el mismo movimiento de piernas; ligero o pesado, agradable o desagradable[12].

En vez de estar en contacto con diferentes cosas, ahora encontramos a Dios en todo momento. No estamos apegados a las cosas, sino a la mano

[11] De Caussade, *op. cit.*, p. 52.
[12] Dom Chapman, *Spiritual Letters,* London 1969, Sheed and Ward, p. 38.

de Dios que las pone ante nosotros para que las usemos. En lugar fijarnos en las cosas, disfrutamos de la acción de Dios y nos alegramos por eso. Es él quien nos da estos regalos.

En el comienzo del libro traté del sentimiento de división interior que podemos sentir cuando tratamos de cumplir todas las reglas que forman parte de la ética cristiana. Esta división resulta incluso peor cuando comenzamos a crear nuestras propias reglas.

En la medida en que nos apegamos a multitud de prácticas y reglas dictadas por nuestra propia voluntad [escribe Taulero], y que nos revestimos de ellas, el Esposo no puede vestirnos como él quiere. No te preocupes por prácticas y trabajos, sino más bien presta completa atención a la voluntad de Dios. No sigas a este o al otro. Hacer eso es una esclavitud. No mires a la gente y qué hace: «¡Oh, Señor, cómo me gustaría poder controlarme! ¡Tener paz interior y ser como esta o aquella persona!». Lo que es vida para uno es muerte para otro. Por eso debes considerar, por encima de todo, la llamada que Dios te ha hecho y seguirla. Si lo haces con gran atención, tu vocación te parecerá tan sencilla como tu mano[13].

---

[13] Ver Sr. Suzanne-Dominique, "L'Abandon...d'après Tauler", en *La Vie Spirituelle*, n.º 652.

Podríamos imaginar que la vida se hará tediosa en extremo cuando siempre estamos pendientes de la voluntad de Dios, particularmente cuando esa voluntad se extiende a todos los detalles de la vida. ¡Nunca más poder hacer lo que queremos! Pero escuchar a Dios y obedecerle es precisamente lo que queremos. Esto se aclara si distinguimos entre una superficial y una profunda voluntad en la persona humana. A menudo identificamos la voluntad de una persona con lo que es meramente su deseo superficial. Eso suele estar al servicio del egoísmo. Es escuchar todos sus conflictivos impulsos y dejarnos conducir a la consabida pareja del «me gusta–no me gusta». También obedece a la razón, en la medida que egoístamente busca beneficio y ganancia. La voluntad profunda, por otra parte, está al servicio del amor; coincide con nuestro innato deseo de Dios. El deseo profundo «quiere» Dios, se mueve hacia él, y encuentra su satisfacción en él.

Cuando el deseo superficial se expresa y hace lo que quiere, uno puede ciertamente tener la impresión de ser libre. Pero esa libertad reside en la superficialidad de la voluntad y se podría llamar en realidad «esclavitud», puesto que sofoca la voluntad profunda. La superficial y la profunda voluntad luchan entre sí. «*Porque la carne tiene deseos contrarios al espíritu, y el espíritu tiene deseos contrarios a la carne, porque ambos se oponen entre sí*» (Ga 5, 17). Sabemos que nos hemos liberado solo cuando conseguimos vivir en el nivel de nuestra profunda voluntad, y descubrimos lo mucho que perderíamos si continuáramos viviendo en el nivel de nuestra superficial voluntad.

Así que libertad y obediencia no se oponen entre sí. La libertad es genuina cuando nos permite escuchar a Dios y aceptar su voluntad. «Esta libertad es un desprendimiento de todas las cosas para seguir la Voluntad de Dios conocida» (San Francisco de Sales). La libertad nos permite finalmente hacer aquello para lo que hemos sido creados, para estar unidos con nuestra verdadera naturaleza y echar ahí raíces. Es cosa de «ser o no ser, esa es la cuestión». Si has sido creado como una corriente hacia Dios, sé una corriente. Si se te ha dado un oído, según dice el salmo, «*me abriste el oído*» (Sal 40, 7), escucha. Intentar ser algo distinto de lo que eres naturalmente conduce lejos de la libertad a una especie de esquizofrenia. A san Pablo le gusta hablar de la libertad que Cristo nos ha ganado, la libertad que consiste en ser siervos de Dios (cf. Rm 6, 22).

Hay una maravillosa armonía entre la verdadera libertad de una persona y la libertad de

Dios. Quienes son libres (sin trabas) dan a Dios la libertad de hacer lo que él quiere. Cuando estás libre de toda inhibición e impedimento, Dios es libre también de poner en ti lo que quiere. Lo que él ha esperado tanto tiempo puede hacerse por fin realidad. Cuando se han cortado todas las cuerdas que te atan a las cosas, Dios puede llevarte a la meta a su propio paso divino. O, para usar la imagen de san Juan de la Cruz: «Así como el sol está madrugando y dando en tu casa para entrar, si destapas el agujero, así Dios […] entrará en el alma vacía y la llenará de bienes divinos»[14]. La luz busca brillar; el fuego da calor. Nuestra libertad le da libertad a Dios.

Si, gracias a la libertad de una persona, Dios es libre de hacer con ella lo que quiera, ocurren cosas sorprendentes todo el tiempo. Lo que Dios hace es siempre nuevo y original.

Es acción —escribe de Caussade—, aplicada en cada momento para producir siempre nuevos efectos, y la quiere extender de eternidad en eternidad. Eso ha producido tipos tan diferentes como Abel, Noé, Abrahán; Isaac, tan original, y Jacob que no es copia de nadie; tampoco hizo seguir a José ninguna figura anterior. Moisés no

---

[14] *Llama de amor viva*, Códice B, 3, 46.

tiene prototipo entre sus progenitores. David y los profetas están bastante apartados de los Patriarcas. San Juan Bautista se sostiene solo. Jesucristo es el primogénito; los Apóstoles actúan más por la guía del Espíritu que por imitación de sus obras.

Jesucristo no puso un límite para sí mismo, ni siguió al pie de la letra sus propias máximas. El Espíritu Santo siempre inspiró su alma santa, y, estando totalmente entregado a cada soplo suyo, no necesitó consultar el momento que había pasado para saber cómo actuar en el que estaba por venir. El soplo de la gracia moldea cada momento de acuerdo con las verdades eternas subsistentes en la invisible e insondable sabiduría de la Santísima Trinidad. Los santos reciben una participación en esta vida divina, y en cada uno, Jesucristo es diferente, siendo el mismo en sí. La vida de cada santo es la vida de Jesucristo; es un nuevo evangelio. Las mejillas de la esposa se comparan a macizos de flores, a jardines repletos de fragantes brotes. La acción divina es el jardinero, que los cuida admirablemente. Este jardín no se parece a ningún otro, pues entre tantas flores no hay dos iguales, ni se puede describir como de la misma especie, salvo en la fidelidad con que responden a la acción del Creador[15].

---

[15] De Caussade, *op. cit.*, p.60.

Dios no necesita buscar tareas extraordinarias para hacer a cada persona un ser único. Cumpliendo los deberes más ordinarios, toda persona es original. Quien honestamente trata de vivir en obediencia a la inspiración del Espíritu sabe que una vida, que parece desde fuera monótona y aburrida, puede ser muy aventurera y excitante. Lo mismo pasa con la apariencia externa de las personas. Toda cara tiene dos ojos, dos orejas, una nariz y una boca. ¿Hay algo más monótono que eso? Y, sin embargo, ¡qué variedades sin fin! Hay una variedad tan grande que nos parece extraño que alguien «se parezca» a otro.

Así comprendemos que puede ser arriesgado leer las vidas de los santos con la intención de imitarles en cada detalle. Lo que la vida de un santo puede inspirarnos es la voluntad de vivir en la misma total obediencia y abandono, en la misma apertura a los constantes nuevos impulsos del Espíritu. Es fascinante ver lo que Dios puede hacer con una persona que desea seguir al Cordero dondequiera que va (cf. Ap 14, 4). Pero conviene saber que el Cordero es totalmente impredecible, y que tiene un nuevo y sorprendente camino para cada persona.

Desde el primer pecado de Adán en el paraíso, la obediencia no es ya algo evidente. En la práctica podemos decir que la desobediencia se ha convertido en la norma. Si quieres ser obediente, tienes que superar muchos obstáculos, y cada vez que desobedeces, es más difícil volver a obedecer. Poco a poco, la desobediencia puede convertirse en una actitud fundamental, afectando no solo a la voluntad, sino también al intelecto. Uno comienza a discutir con Dios y a interrogarle. La discusión con Dios es tan vieja como la humanidad. Comienza en el paraíso durante la conversación entre la mujer y la serpiente: ¿Por qué no se nos permite comer del fruto? ¿Por qué esa prohibición? Si Dios se toma nuestra salvación en serio, ¿por qué no se revela más claramente? ¿Por qué hace las cosas tan difíciles para nosotros? ¿Por qué tanto sufrimiento? ¿Por qué esas irrealizables demandas que nadie puede vivir? Y finalmente, la cuestión fundamental: ¿Por qué Dios hizo al hombre capaz de pecar? ¿Por qué no le creó en un estado celestial, para que el pecado quedara excluido? La Biblia dice: Dios vio que todo lo que había hecho era bueno. ¿Pero es honrado decir que todo era bueno? ¿No debería mejor decir que todo estaba mal desde el principio? ¿Por qué hizo Dios al hombre tan débil e insensato que el pecado era casi inevitable?

Podríamos responder que Dios también creó a los ángeles, que no son débiles ni insensatos, y algunos de ellos, sin embargo, pecaron. Pero esto no resuelve todo el problema. La respuesta a la cuestión está, paradójicamente, en el propio amor de Dios[16].

Dios creó al hombre en un exceso de generosidad. Quiso, no quedarse con su propia vida, sino compartir con otros seres su abundancia. Por eso creó al hombre «a su propia imagen» (Gn 1, 27). Quiso que el hombre fuese como él mismo, en la medida en que eso fuera posible. ¿Pero quién es Dios, y qué es lo más parecido a él? Él es donación. En la Santísima Trinidad, el Padre se da completamente al Hijo. No dice «yo» sino «tú». Darse es característico de su ser; sí, este es el verdadero corazón del asunto. Si Dios nos hubiera creado en un estado celestial desde el principio, de modo que le contemplásemos cara a cara, seguramente no hubiésemos pecado nunca, pero se habría perdido algo importante. No podríamos compartir la donación recíproca, que es la

---

[16] Resumo algunas pocas páginas (80-85) de M.-D. Molinié, O.P., *Prisonniers de l'Infini*, Paris 1977, Cerf.

esencia de la Trinidad. Nuestro deseo de darnos nunca podría satisfacerse, pues veríamos claramente que no damos nada, es Dios quien lo da todo, incluso nuestro amor por él. Veríamos que se nos arrastra fuera por las olas del amor, llevados por una irresistible corriente, sin ni siquiera poder decirle un sí personal. La vida en el cielo tendría algo inevitable e irresistible en ella. Cada uno de nosotros estaría obligado a decir: solo hemos recibido y nunca hemos dado nada.

Si estamos sometidos a pruebas aquí en la tierra, si debemos luchar para decir sí a Dios, es porque en la eternidad Dios quiere decirnos: «Me has dado algo. No soy solo yo quien da, sino que más bien nos damos el uno al otro. Me doy agradecido, porque tú me has dado algo que podrías haberme negado. No me puedes dar ya más, pero me lo diste, y eso tiene un valor eterno. Yo nunca olvido».

La teología siempre ha enseñado que no podemos merecer algo en el cielo ni en el purgatorio. «Merecer», es decir, hacer algo por Dios, pertenece solo a nuestra vida terrena. En el cielo, uno es como una brizna transportada por el océano. Aquello es amor, una sobreabundante corriente de amor, pero no un darse voluntario. Uno es tomado, llenado, en éxtasis, pero no da realmente, o mejor dicho, uno da porque una vez dio, una vez libremente dijo sí a Dios, y ahora está fijado en ese sí para siempre.

Tendríamos que haber sido Dios para poder darnos totalmente, en absoluta libertad, sin ninguna posibilidad de decir no. Libertad y necesidad coinciden plenamente en él. Dar es su naturaleza, una naturaleza que él no ha recibido sino que es. Él es su propio fundamento. Por eso darse es en él a la vez inevitable y libre. Para nosotros es necesario tener una imperfecta libertad para poder dar. Si queremos ser capaces de decir sí a Dios, tenemos también que serlo de decir no. Si no es posible decir no, con todo el pecado y sufrimiento que eso implica, si nuestro sí es inevitable, no podemos decir que le damos algo a Dios. Y no podríamos participar en su Espíritu, que por su propia naturaleza es Don.

Es un elemento esencial de nuestra fe que los seres humanos pueden dar algo a Dios, eso, como lo expresan los teólogos católicos, es tener mérito. Sin esto, no participamos completamente en la vida trinitaria, que consiste en un recíproco darse y recibir.

¡Él no podría habernos dado mayor honor!

3. SER INSTRUMENTO DE DIOS

LAS PRIMERAS DOS ETAPAS del abandono pueden resumirse en someterse a la voluntad de Dios, tal como se manifiesta en las distintas circunstancias de la vida, y aceptar obedientemente lo que nos permite hacer. Esas dos etapas van de algún modo en paralelo. Podemos llamarlas las dimensiones pasiva y activa del abandono. La tercera etapa es completamente nueva, y presupone que hemos practicado aceptar y obedecer la voluntad de Dios durante largo tiempo. Aquí ya no hay distinción entre actividad y pasividad. En vez de eso, podríamos hablar de pasiva actividad; la persona es llevada por Dios en todo lo que hace. En la tercera etapa, nos abandonamos con nuestras facultades tan completamente a Dios que él puede utilizarlas como quiera. En la segunda, soy yo quien hace la voluntad de Dios, *yo lo hago por él.* En la tercera etapa, es él quien me utiliza; *él lo hace a través de mí.*

Esto es algo nuevo, donde se aplican diferentes reglas. «Hay un tiempo en que el alma vive en Dios», escribe De Caussade, «y un tiempo en que Dios vive en el alma»[1]. Es una cuestión de dos diferentes fases que tienen sus propias características. «Cuando el alma vive en Dios está obligada a procurar por sí misma, cuidadosa y regularmente, los medios que pueda poner para llegar a la divina unión. El procedimiento está jalonado por lecturas, exámenes, propósitos. La guía está siempre a mano y todo está regulado, incluso las horas de conversación»[2]. Aquí es la persona misma quien decide y planea. Lo hace de acuerdo con las normas ascéticas tradicionales bien probadas. Todo eso es bueno y necesario en la primera parte del camino, pero es completamente diferente cuando Dios vive en el alma.

Cuando Dios vive en el alma —continúa De Caussade—, no queda nada del yo, sino solo lo que el espíritu que le impulsa le indica en cada momento. Nada está previsto para el futuro, no hay un camino marcado, sino que es como un niño que puede ser llevado adonde uno quiera... Dios, que no encuentra una disposición más pura en su esposa que esta entera renuncia,

---

[1] *Op. cit.,* p. 36.
[2] *Ibid.*

en pro de vivir la vida de la gracia de acuerdo con la acción divina, le proporciona los libros necesarios, pensamientos, comprensión de su propia alma, advertencias y consejo, y los ejemplos de la sabiduría. Todo lo que los demás descubren con gran dificultad, esta alma lo encuentra en el abandono, y lo que ellos guardan con cuidado para ser capaces de encontrarlo de nuevo, esta alma lo recibe en el momento necesario y después renuncia a admitir nada que no sea exactamente lo que Dios desea que tenga para vivir solo por él[3].

Es importante no practicar esta total dependencia demasiado pronto. Para abandonarnos totalmente en Dios, debemos antes reunir todo lo que somos y tenemos. Si nos vemos como una colección de piezas dispersas, que no sabemos cómo poner juntas, no es cuestión de total abandono. Uno no puede darse si no es uno. Antes debe poner orden en el propio ser. Lo que está disperso debe ser reunido para constituir un todo, o en el lenguaje de san Juan de la Cruz, no se puede salir de la propia casa si no está «sosegada»[4]. Quienes están acostumbrados a seguir sus propios gustos y digresiones de la

---

[3] *Ibid.*
[4] San Juan de la Cruz, *Noche oscura,* libro I, canción 1.

imaginación[5], y los que aún no han aprendido a «mortificar y apaciguar las cuatro pasiones naturales, que son gozo, esperanza, temor y dolor»[6] y dirigirlas a Dios no están maduros para esta total dependencia. Pero tan importante es cuando el tiempo es llegado, atreverse a avanzar y dejar el timón a Dios. Es desafortunado que persistamos obstinadamente en *caminar*, cuando estamos llamados a *volar* con la «velocidad de la Trinidad» (P. Molinié). Y a menudo, libres de falso misticismo, no nos atrevemos a hablar de esta otra parte del camino, cuando no tenemos ya derecho a decidir por nosotros mismos, cuando ya no soy yo quien vivo sino que Cristo vive en mí (cf. Gal 2, 20), cuando es verdad que «vivimos por el Espíritu»

(Gal 5, 25). Eso debe llegar a su tiempo, en la vida de todo cristiano, cuando es meramente instrumento de Dios y nada más.

---

[5] Cf. San Juan de la Cruz, *Cántico espiritual* B, canción 20, 5.

[6] San Juan de la Cruz, *Subida al Monte Carmelo,* Lib. I, cap. 13, 5.

ABANDONAR TODO

En la tercera etapa, el abandono es mucho más radical y total que en la segunda. Allí me abstenía de elegir yo lo que quería hacer. Trataba de descubrir la voluntad de Dios y luego la ponía por obra, pero era *yo* quien cumplía la voluntad de Dios. Ahora ofrezco a Dios no solo mi voluntad sino también todas las potencias de mi alma, para que *él mismo* pueda hacer su voluntad *a través de mí*. Antes era yo quien tocaba el violín. Era Dios, por supuesto, quien me daba la partitura, y yo obedientemente tocaba lo que pedía. Ahora le doy el violín a Dios y le dejo tocar. Uno oye que es el mismo violín. Tiene las mismas características y defectos. Pero no hay parecido entre la música que yo toco y la que suena ahora. Dios no solo utiliza todas las posibilidades del violín, sino que también revela algo de sí mismo al tocar. No es que yo haya devenido más hábil. No, ahora un artista de lo más virtuoso está tocando.

Ser el violín de Dios es algo completamente diferente de tocar el violín para Dios. Ahora no se contenta con decidir qué debo tocar, sino que él mismo toca las cuerdas de mis facultades. Puede hacer eso solo cuando él tiene el violín en sus manos, cuando me abandono; no solo una parte de mí mismo, sino todo mi ser. «Me abandono en tus manos», reza Charles de Foucauld, «me ofrezco a ti con todo el amor de mi corazón […] y necesito darme, abandonarme en tus manos sin reserva».

Uno hace lo que Dios hace y siempre ha hecho: el Padre entrega toda su vida al Hijo, el Hijo la devuelve al Padre, y el Espíritu es en sí mismo esa vida entregada y derramada. Dar la vida es morir. Para muchos, la muerte es el momento en que la vida les es arrebatada, el momento en que Dios, que quiere ser nuestra vida, finalmente conquista a la persona rebelde y la priva de esa vida que en su codicia agarra y hace suya, aunque era y debería haber seguido siendo de Dios. Por lo general, Dios tiene que emplear un poco de fuerza, porque el hombre se resiste hasta el final. ¿Por qué esperar tanto lo que debe suceder de todos modos y es tanto más rico cuando se entrega voluntariamente? ¿Por qué no decir con Jesús: «Nadie me la quita, sino que la doy libremente» (Jn 10, 18)?

Hay otra bien conocida oración en la tradición cristiana que expresa este total abandono, la de Ignacio de Loyola, *Suscipe*: «Toma, Señor, y recibe mi libertad, mi memoria, mi entendimiento y toda mi voluntad, todo mi haber y mi poseer. Tú me lo diste, a ti, Señor, lo torno; todo es tuyo; dispón de ello conforme a tu voluntad.

Dame tu amor y gracia, que esto me basta.» Suena maravilloso, pero debemos admitir que no es fácil abandonarse completamente a Dios. «Es solo tan fácil», escribe Chapman, «como fundirse uno mismo en un invisible fuego, y tiene el mismo efecto. Primero quema tu ropa, luego tu carne y finalmente tus huesos. "¡Es terrible caer en manos del Dios vivo!" (Hb 10, 31). Pero él es sabiduría infinita y amor en todo caso. La cuestión es si el camino ancho es realmente más confortable que la senda angosta»[7]. Sí, aunque es difícil abandonarse a Dios, es aún más difícil luchar contra él y resistirle.

¿Puede alguien amar sin entregarse? El verdadero amor conduce inevitablemente al abandono total. «Amar es darlo todo y darse uno mismo», escribe santa Teresa de Lisieux en su poema a María[8]. Por eso el abandono no es opcional. Está como atado al amor. «Amar al Señor, tu Dios con todas tus fuerzas» significa: «Abandonarte totalmente». Quienes no quieren esto último no quieren lo primero.

«He notado con frecuencia —escribe la mística francesa Lucie Christine (1870-1908)— que un acto de total y absoluto abandono a la santa

---

[7] Dom Chapman, *Spiritual Letters, op. cit.,* p.62.
[8] «Pourquoi je t'aime, o Marie», estrofa 22.

voluntad de Dios casi siempre trae inmediatamente la gracia de la unión»[9]. Quizá podríamos decir que un abandono total es en sí mismo unión. Dios dice que cuando un hombre se da a su esposa, ellos son una sola carne (Cf. Gn 2, 24). Presupone que la esposa también se da a su marido, pero esta mutualidad no es algo que se dé siempre en el amor humano. Se da, sin embargo, cuando llega a una relación con Dios. El abandono es total en ese caso. Es «cuerpo dado» y «sangre derramada». Él espera solo de nosotros que nos demos. Si lo hacemos, la unión es un hecho. Él viene a nosotros ofrecido y completamente abandonado en la Eucaristía, para atraer el mismo abandono por nuestra parte. Si no recibimos la Eucaristía con al menos un deseo de completo abandono, la entera cosa se convierte en una mentira. Obstaculizamos a Dios cuando no queremos responder a su total abandono con el nuestro.

Dejar actuar a Dios

El abandono total de que hablamos implica que damos la entera responsabilidad a Dios. Le

---

[9] *Journal Spirituel de Lucie Christine*, ed. Aug. Poulain, Paris 1920, Beauchesne. p. 52.

damos nuestro entendimiento para que piense lo que quiera. Le damos nuestra voluntad para que su divina voluntad quede encarnada, de modo que pueda querer a través de nuestra humana voluntad. Le damos nuestra memoria para que le haga recordar lo que él considere importante. Nos ponemos nosotros y todas nuestras potencias a su disposición. Le decimos a Dios: «Tú tienes la responsabilidad ahora», y él está contento porque eso es lo que estaba deseando. Santa Teresa de Jesús describe el abandono en Cristo con estas palabras: «Todo el punto está en que se lo demos por suyo con toda determinación y le desembaracemos para que pueda poner y quitar como en cosa suya»[10]. Dios quiere tomar sobre sí nuestras preocupaciones. Es verdad que esto solo se convierte en una definitiva realidad en la séptima morada del castillo interior[11], pero incluso ahora él quiere que, con tanta frecuencia como podamos, le dejemos hacerse cargo. Si no lo hacemos, nunca llegaremos a la séptima morada. Este entrenamiento, sin embargo, no requiere ningún esfuerzo por nuestra parte en el verdadero sentido de la palabra. En el drama de

---

[10] *Camino de perfección,* cap. 48, 2. Códice de El Escorial.

[11] Cf. Teresa de Jesús, *El Castillo interior o las Moradas,* cap. 3.

Paul Claudel, *El zapato de raso,* el sacerdote jesuita dice: «Uno habla de sacrificio, cuando en cada elección que debe hacerse es solo una cuestión de un apenas imperceptible movimiento, como el de una mano. En realidad, solo el mal requiere esfuerzo, pues lucha contra la realidad». Luchar contra la realidad es arduo; aceptar la realidad siempre lleva consigo descanso y liberación.

El padre De Caussade habla de «encontrar el impulso divino» (*trouver la motion divine*)[12]. Es cuestión de pulsar el botón correcto, estando en sintonía con Dios. En la práctica, eso significa salir del propio ego, que lleva a la criatura a querer decidir por su cuenta. El ego es una trampa; no podemos librarnos de él forcejeando solos, sino relajándonos. Nos desprendemos una vez y otra. No yo, sino tú. Cada vez menos yo, más y más tú, según la regla de oro formulada una vez para siempre por el mayor de los profetas: «Es necesario que él crezca y que yo disminuya» (Jn 3, 30).

Dios quiere ser la vida del hombre. Desea ser el principal agente en nuestras obras. De Caussade utiliza una imagen muy expresiva: «En este estado, Dios se comunica al alma como su vida, pero no es visible de este modo, y es verdad. La esposa busca al Esposo durante esta noche; le

---

[12] *Op. cit.,* p. 122.

busca por todas partes, y corre; pero él está detrás de ella y la agarra con sus manos. Ya no es un asunto o idea, sino principio y fuente»[13]. Antes la voluntad de Dios era un asunto que teníamos delante; iluminaba el camino: «Antorcha es tu palabra ante mis pasos, luz en mi sendero» (Sal 119, 105).

Pero llega un tiempo en que Dios se pasa desde delante hacia atrás, y resulta que desaparece de la luz. Ya no veo adonde estoy yendo. Dios está detrás de mí, y solo puedo hacer una cosa: dejarme empujar adelante. Al principio parece un poco dudoso e inseguro, y pueden ocurrir pequeños accidentes, no porque Dios deje de hacer su parte o esté conduciendo en la dirección equivocada, sino porque no me he atrevido a confiar completamente en él, y me resisto o quiero ayudar. Dios es como un especialista en relajación que actúa en la cabeza del paciente, volviéndola en diferentes direcciones. Si duele, no es por culpa del especialista. No la mueve demasiado rápido. No, es porque los músculos del cuello del paciente están tensos. No se atreve a relajarlos completamente. No es extraño que Dios nos llame «un pueblo de dura cerviz» (Dt 9, 13).

---

[13] *Op. cit.,* p. 75.

Las palabras «venga a nosotros tu reino» que rezamos cada día se realizan solo cuando vivimos en total dependencia de Dios. En la medida en que no puede hacerlo *todo* en nosotros, su reino no viene. Él no quiere meramente decidir por sí mismo; quiere llevar a cabo lo que ha decidido «como sin mí y aun conmigo»[14]. Nuestro ego vive, gracias y a través de nuestras actividades. Cuando abandonamos nuestras facultades a Dios y le dejamos dirigirlas, el ego ya no tiene más que hacer; muere por falta de actividad.

En sus enseñanzas a los novicios, el Maestro Eckhart escribe: «Dios nunca se ha entregado y nunca se entrega a una voluntad que le es ajena. Dios solo se entrega a su propia voluntad. Pero *cuando* Dios cumple con su propia voluntad, se da él mismo y entra en esa voluntad con todo lo que él es»[15].

En el tradicional lenguaje de los teólogos: en este estado, la vida de una persona está regulada, no ya por las virtudes, sino por los dones del Espíritu Santo. En el bautismo recibimos, con la gracia, las virtudes (y por encima de todo las virtudes teologales: fe, esperanza y caridad), y los dones del Espíritu Santo. Estos dones nos

---

[14] Jean de Saint-Samson (1571-1636)
[15] Cf. nº 21, *La Vie Spirituelle,* nº 652, p. 773.

dan una cierta docilidad y sensibilidad bajo la guía del Espíritu. Son como antenas diseñadas para captar los impulsos del Espíritu Santo. La diferencia entre las virtudes y los dones es que, entre otras cosas, podemos practicar las virtudes cuando y cómo queramos. Podemos tomar nosotros la iniciativa para hace un acto de fe. Pero es el Espíritu Santo quien activa los dones. Por tanto, lo que es producido por los dones es más divino que humano. Estamos completamente pasivos en este estado. Lo único que necesitamos es decir sí a Dios. «Magis agimur quam agimus», dice Tomás de Aquino. «Somos más actuados que actuamos nosotros.» Estos dones del Espíritu son necesarios para vivir como hijos de Dios, pues según san Pablo, «*los que son guiados por el Espíritu de Dios, estos son hijos de Dios*» (Rm 8, 14). Que el Espíritu tome la iniciativa no significa que no podamos actuar divinamente en ciertas ocasiones. El Espíritu está preparado para conducirnos en todo tiempo. La cuestión es: ¿estamos nosotros preparados para *ser conducidos*?

Lo que dice san Juan de la Cruz

San Juan de la Cruz habla con detalle sobre la tercera etapa del abandono, al tratar de la noche de la memoria[16]. Subraya que no debemos dejarnos conducir por el conocimiento de la memoria. Cita las palabras de Jesús: «*Nadie puede servir a dos señores*» (Mt 6, 24). O nos dejamos guiar por nosotros y actuamos por nuestra cuenta, o dejamos que Dios sea Señor y nos guiamos por él[17]. Lo que dice de la memoria es solamente la aplicación de un principio general:

> Pero, porque aquí vamos dando doctrina para pasar adelante en contemplación a unión de Dios (para lo cual todos esos medios y ejercicios sensitivos de potencias han de quedar atrás y en silencio, para que Dios de suyo obre en el alma la divina unión) conviene ir por este estilo desembarazando y vaciando y haciendo negar a las potencias su jurisdicción natural y operaciones, para que se dé lugar a que sean infundidas e ilustradas de lo sobrenatural, pues su capacidad no puede llegar a negocio tan alto, antes estorban, si no se pierde de vista[18].

Habla de una memoria «calva y rasa». También Taulero (ca. 1300-1361) indica que uno debe

---

[16] San Juan de la Cruz, *Subida al Monte Carmelo,* Libro III, caps. 1-15.

[17] *Ibid.* cap. 2, 4.

[18] *Ibid.* cap. 2, 2.

hacerse barbero, no para afeitar a otros, sino para afeitarse él. Todo el pelo, esto es, los deseos ordinarios, lo pequeño como lo grande, debe ser afeitado sin piedad[19]. Pero Juan de la Cruz empuña la navaja de un modo que es aún más radical. No solo los deseos impropios deben ser afeitados, sino incluso el conocimiento ordinario de la memoria, según hemos visto: «todos esos medios y ejercicios sensitivos de las potencias han de quedar atrás». Como resultado, uno tiene que seguir este método de desembarazar, vaciar y privar a las facultades de sus naturales derechos y operaciones. La aniquilación de la memoria respecto a todas las formas es un requerimiento absoluto para la unión con Dios. Esta unión no puede llegar sin una completa separación de la memoria de todas las formas que no son Dios[20].

En vez de esforzarnos para recordar todo lo que hemos de hacer, volveremos nuestra memoria hacia Dios como un cuenco abierto y vacío, para que él pueda llenarlo con todo lo que necesitamos saber para hacer su voluntad.

Por lo cual, las operaciones de la memoria y de las demás potencias en este estado todas son divinas,

---

[19] Cf. *La Vie Spirituelle,* nº 652.
[20] *Subida al Monte Carmelo,* III, cap. 2, 4.

porque poseyendo ya Dios las potencias, como ya entero señor de ellas, por la transformación de ellas en sí, él mismo es el que las mueve y manda divinamente según su divino espíritu y voluntad. Y entonces es de manera que las operaciones no son distintas, sino que las que obra el alma son de Dios y son operaciones divinas; que, por cuanto, como dice san Pablo (1 Co 6, 17), *el que se une con Dios, un espíritu se hace con él,* de aquí es que las operaciones del alma unida son del Espíritu Divino, y son divinas[21].

Esto no es mera especulación, sino concreta realidad. En este estado se vive en un plano que es completamente diferente del normal (que realmente es anormal). San Juan de la Cruz da ejemplos concretos.

Pide una persona a otra que está en este estado que la encomiende a Dios. Esta persona no se acordará de hacerlo por alguna forma ni noticia que se le quede en la memoria de aquella persona; y si conviene encomendarla a Dios, que será queriendo Dios recibir oración por la tal persona, la moverá la voluntad dándole gana que lo haga; y, si no quiere Dios aquella oración, aunque se haga fuerza a orar por ella, no podrá ni tendrá gana; y a

---

[21] *Ibid.* cap.2, 8.

veces se la pondrá Dios para que ruegue por otros que nunca conoció ni oyó.

Y es porque Dios solo mueve las potencias de estas almas para aquellas [obras] que convienen según la voluntad y ordenación de Dios, y no se pueden mover a otras; y así, las obras y ruego de estas almas siempre tienen efecto[22].

Esto ayuda a explicar el texto del Evangelio, que quizá nos parece confuso: «*Y lo que pidáis en mi nombre eso haré*» (Jn 14, 13). Pedir en el nombre de Jesús es pedir inspirado por su Espíritu. Cuando es el Espíritu quien inspira la oración, no es infrecuente que sea oída. Escribe Teresa de Jesús en el *Libro de la Vida*: «Él [el Señor] me prometía que ninguna cosa le pidiese, que no la hiciese, que ya sabía Él que yo no pediría, sino conforme a su gloria»[23]. Pero no es solo en la esfera sobrenatural donde Dios conduce a una persona, no solo en el contexto de la oración. La guía de Dios también se extiende a la vida diaria con su trabajo y ocupaciones. Continúa Juan de la Cruz: «Otro ejemplo: ha de acudir a tal tiempo a cierto negocio necesario; no se acordará por forma ninguna, sino que, sin

---

[22] *Ibid.* cap. 2, 10.
[23] *Loc. cit.*, cap. 39.

saber cómo, se le asentará en el alma cuándo y cómo convendrá acudir a aquello, sin que haya falta»[24]. No debemos olvidar que estos ejemplos se refieren a personas que viven en «estado de unión». San Juan admite que incluso entre ellas, «aunque es verdad que apenas se hallará alma que en todo y por todo tiempo sea movida de Dios, teniendo tan continua unión con Dios, que sin medio de alguna forma sean sus potencias siempre movidas divinamente, todavía hay almas que muy ordinariamente son movidas de Dios en sus operaciones»[25].

Pero no necesitamos esperar hasta haber alcanzado el estado de unión. Podemos comenzar antes de eso a aprender cómo vivir bajo la guía del Espíritu Santo. «Digo que es verdad que Dios la ha de poner en este estado sobrenatural; mas que ella, cuando es en sí, se ha de ir disponiendo, lo cual puede hacer naturalmente mayormente con la ayuda de Dios»[26]. ¿Cómo podrá hacer eso? «Al modo que de su parte va entrando en esta negación y vacío de formas, la va Dios poniendo en la posesión de la unión»[27]. En otras palabras,

---

[24] *Subida al Monte Carmelo*, cap. 2, 11.

[25] *Ibid.* cap. 2, 16.

[26] *Ibid.* cap. 2, 13.

[27] *Ibid.* cap. 2, 13.

usando la facultad de la memoria de un modo cada vez menos activo y voluntario, y dejando que actúe Dios en su lugar.

Naturalmente, esto es solo posible y significativo para quien lleva una vida de relación con Dios. Si Dios no llega a ser una realidad de la vida de alguien, es inútil esperar ninguna guía concreta de él. Un Dios que no es real no puede dar impulsos reales. San Juan de la Cruz dice explícitamente que no se está refiriendo aquí a los principiantes, sino a quienes han llegado a la «contemplación»[28]. Hay muchas más personas de estas de las que se podría creer, gente que se reconoce y descansa cuando lee esta descripción del tercer signo: «El alma gusta de estarse a solas con atención amorosa a Dios, sin particular consideración, en paz interior y quietud y descanso y sin actos y ejercicios de las potencias, memoria, entendimiento y voluntad»[29]. Son personas cuya casa está de algún modo sosegada, eso es, «la privación de todos los gustos y mortificación de todos los apetitos»[30]. No están completamente libres del conflicto de sus apetitos, pero han comenzado a dominar sus poderes y dirigirlos a Dios.

---

[28] Cf. *Ibid.* 2, 1-2.
[29] *Ibid.* Libro II, cap. 13, 4.
[30] *Ibid.* Libro I, cap. 15, 2.

Es obvio que no se puede dejar atrás el modo natural de vivir en un día. Es un largo proceso. No se puede esperar que Dios tome toda la iniciativa mientras el abandono no es total. En el movimiento carismático, se pasa quizá demasiado pronto toda la responsabilidad a Dios. Es posible que la apertura al Espíritu Santo pueda entonces, en la práctica, confundirse con la apertura a la inconciencia de uno y sus impulsos. Pero el gran mérito del movimiento carismático es que se ha tomado en serio al Espíritu Santo y ha recordado a la Iglesia que el Espíritu no se nos ha dado para nuestro disfrute, sino para guiarnos y vivir en nosotros.

San Juan de la Cruz señala que, en definitiva, nuestro abandono nunca puede servir de excusa para descuidar nuestro deber. Si Dios no nos recuerda lo que necesitamos saber, y si por nuestro inadecuado abandono no nos considera aún como sus instrumentos en el mundo, debemos recurrir a nuestro entendimiento y nuestra memoria[31]. Pero quien honestamente trata de poner sus facultades a disposición de Dios nota que, en la práctica, trabaja mejor de lo que pensaba. Tan pronto como uno se abandona en Dios completamente, todo sucede por sí mismo. Quien ha

---

[31] Cf. *Ibid.* Libro III, cap. 15, 1.

experimentado esto no quiere ya vivir del modo anterior en que vivía.

Abandono y nuestra propia actividad

Cuando hablamos de abandono, con frecuencia oímos esta objeción: «¿Significa esto que ya no podemos hacer nada nosotros? ¿Puede estar bien sentarse y esperar a Dios? ¿No nos ha dado un entendimiento y una voluntad para que los usemos? ¿No podría este «total abandono» llevarnos a la flojera y la apatía?» El modo más sencillo de responder a esto es volverse a Jesús. *«Nada hago por mí mismo, sino que como el Padre me enseñó así hablo»* (Jn 8, 28). No tengamos la impresión de que esto le hace a él inactivo, que toma lo fácil mientras deja al Padre hacer todo el trabajo, ¿no es precisamente este total abandono el secreto del celo que le consume por la gloria del Padre? (cf. Jn 2, 17). ¿No es el Padre quien le lleva de pueblo en pueblo para hablar de amor? No hacer nada por sí mismo no significa que uno no hace nada en absoluto. Es justo lo contrario, pero no lo hace solo. *«Y el que me ha enviado está conmigo; no me ha dejado solo, porque yo hago siempre lo que le agrada»* (Jn 8, 29). Son siempre el Padre y Jesús juntos como un dúo, o mejor como una Trinidad: el Padre como principio,

Jesús como instrumento del Padre, y el Espíritu como fuerza impulsora del Padre. Los tres están completamente implicados: el Padre tomando la iniciativa, el Espíritu guiando y conduciendo a Jesús según el deseo del Padre, y Jesús aceptando la guía del Espíritu y cumpliendo así la voluntad del Padre.

Así, todo lo que hace una persona tiene una cualidad trinitaria. Podría hacerlo uno, no solo, como una criatura independiente, pero como incorporado en el Hijo y, por tanto, como él y con él, como instrumento del Padre, activado por el Espíritu. Una actividad que lleva esta marca trinitaria es necesariamente más fructífera y más efectiva que una actividad realizada por uno mismo. Por eso es ingenuo creer que el abandono conduce a la apatía. Es exactamente lo contrario. Abandonarse aumenta nuestro potencial.

No hay actividad que pueda enfrentarse al abandono, pues el mismo Dios nos impulsa a actuar. Lo incompatible con el abandono es actividad impulsiva, autogobernada. Escribe De Caussade: «La actividad natural es el enemigo del abandono [...]. Impide, obstruye o estropea todas las operaciones de la gracia y sustituye, en el alma que sucumbe a eso, el impulso del Espíritu divino por el del espíritu humano. De hecho, no cabe duda de que la impetuosidad con que nos

110

entregamos a las buenas obras procede de una oculta fuente de confianza en sí mismo, y una insensata presunción que nos hace imaginar que estamos haciendo o podemos hacer grandes cosas»[32]. La *natural* actividad no toma en serio las palabras de Jesús: «*Sin mí no podéis hacer nada*» (Jn 15, 5). San Pablo estaba convencido de que debía dejar sus propias fuerzas para dejar actuar a la fuerza de Dios en él. Cuando el Señor le dice: «*Te basta mi gracia, porque la fuerza se manifiesta en la flaqueza*», él sigue diciendo: «*Por eso, con sumo gusto me gloriaré más todavía en mis flaquezas, para que habite en mí la fuerza de Cristo [...]. Pues cuando soy débil, entonces soy fuerte*» (2 Co 12, 9-10).

¿ACTIVO O PASIVO?

Cuando Dios nos hace actuar, nos dejamos llevar, y entonces surge una actividad que lleva su marca. ¿Es esto actividad o pasividad? Es realmente pasiva actividad. De Caussade habla de «una libre y activa cooperación [con Dios]» que es al mismo tiempo «infusa y mística»[33]. Pongamos un ejemplo. Debes escribir una carta

---

[32] *Op. cit.,* p. 198.
[33] *Op. cit.,* p. 54.

importante, y quieres hacerlo como instrumento de Dios en un espíritu de completo abandono. Los pensamientos pueden venirte sin tener que pensar; estás «inspirado», es algo que te dan. Pero Dios puede también activar tu entendimiento y hacerte pensar. El abandono consiste entonces en pensar tú, no de un modo voluntario, sino impulsado por él. Esta clase de pensamiento está marcada por la calma y tranquilidad. Tú no arrugas la frente ni aprietas los dientes. En medio de un pensar activo, estás pasivo.

Escribe De Caussade: «El querer de Dios es utilizarnos para llevar a cabo algunas acciones, o simplemente trabajar con nosotros»[34]. Pero para el individuo es lo mismo: total abandono.

¿Podemos abandonarnos demasiado? ¿Podemos exagerar el abandono? El abandono es un elemento esencial en el amor, y en el amor nunca podemos exagerar, más bien lo contrario. Siempre estamos en deuda en el amor. «*No debáis nada a nadie, a no ser el amaros unos a otros*» (Rm 13, 8). Si el abandono conduce al cansancio, no es porque el abandono sea demasiado radical, sino porque nos abandonemos al propio egoísmo en lugar de a Dios. Abandonarse a Dios, que es amor entregado y pura dedicación, no puede sino

---

[34] *Ibid.*, p. 52.

conducir a un mayor entusiasmo y a un renovado y comprometido amor. Lo vemos en el profeta Elías en su doble afirmación: «*Vive el Señor, Dios de Israel, en cuya presencia estoy*» (1 R 17, 1), y «*Ardo de celo por el Señor, Dios de los ejércitos*» (*Ibid.* 19, 10 y 14). La segunda frase es consecuencia de la primera: por estar él en la presencia de Dios, ha recibido el celo ardiente por Dios.

De Caussade nunca teme ir demasiado lejos con el abandono, y nadie puede discutir que sea experto en esta área. Incluso se atreve a decir que el completo abandono no es posible para quien continúa actuando por las virtudes[35]. Y continúa: «[La Esposa] prefiere vagar sin orden o método, abandonándose a su guía [del Esposo] mejor que tratar de ganar confianza siguiendo los caminos trillados de la virtud. Vayamos a Dios, alma mía, en abandono, y reconozcamos que somos incapaces de adquirir virtud por nuestra propia industria o esfuerzo; pero no permitamos que esta ausencia de particulares virtudes disminuyan nuestra confianza»[36]. Esto puede parecer arriesgado, quizá, pero realmente no es más de lo que dice Agustín a menudo: «*Ama et fac quod vis*» (Ama y haz lo que quieras).

---

[35] *Ibid.*, p. 75.
[36] *Ibid.*

Este total abandono presupone un igualmente total ascetismo, un ascetismo que es al mismo tiempo más exigente pero menos difícil que esas penitencias que podemos leer en la tradicional literatura piadosa. Es más exigente, porque pide dejar a un lado continuamente todos los propios planes y deseos. Todo debe ser ofrecido en todo momento. Pero es también menos difícil, pues el ofrecimiento es un paso hacia el descanso en Dios (cf. Hb 4, 3). Es infinitamente liberador no tener que estar sobre los propios pies, que se nos permita ser hijo de Dios y jugar bajo su mirada. Sí, la vida se convierte cada vez más en juego. «Tu niño solo tiene que amarte sin cesar, y cumplir sus pequeños deberes como niño. Un niño en brazos de su madre se ocupa solamente en sus juegos como si no tuviese nada más que hacer sino jugar con su madre»[37]. De Caussade explica además cómo Dios, en su bondad, se ocupa en que lo más necesario en el plano natural sea también fácil y ligero. Nada es tan necesario como respirar, dormir, y comer, pero nada es tan fácil. Lo mismo debe ser en el plano sobrenatural. Lo más importante que tenemos que hacer en ese plano es amar. Por tanto, debe ser fácil amar[38].

---

[37] *Ibid.*

[38] *Ibid.*, p. 4.

Cualquiera que lo intenta y cruza el umbral descubre, con gran asombro, que es mucho más fácil amar que no amar.

PAZ DE CORAZÓN

El total abandono de todo lo que somos y todas nuestras facultades a Dios presupone que tenemos paz de corazón. Dejarnos conducir por el espíritu de Dios en todo lo que hacemos, solo es posible si estamos en sintonía con Dios, es decir, si tenemos paz, pues nuestro Dios es un Dios de paz (cf. 1 Co 14, 33). No escuchamos a Dios cuando estamos desasosegados en nuestra alma; no percibimos sus inspiraciones cuando tenemos inquietud en el corazón.

> El gran principio de la vida interior —escribe De Caussade—, es la paz del alma, y debe ser preservada con tal cuidado que en el momento en que es atacada todo lo demás debe ser puesto a un lado y esforzarnos para recuperar esta santa paz, justo como en un brote de fuego todo se deja para apagar enseguida las llamas […]. El diablo no pierde oportunidad de sacar ventaja. Por eso pone toda su astucia en quitarnos la paz, y con mil especiosos pretextos, tanto en nuestro examen, o en la tristeza por el pecado, e insiste sobre el modo en que continuamos descuidando la gracia, o que

por nuestra culpa no avanzamos; que la voluntad de Dios, por último, nos abandonará, y un ciento de otros engaños de los que pocas personas pueden defenderse. Por eso los maestros de la vida espiritual establecen este gran principio para distinguir las verdaderas inspiraciones de Dios de las que vienen del diablo; que las primeras son siempre tranquilas y pacíficas que nos inducen a la confianza y la humildad, mientras las del malo son intensas, inquietantes, y violentas, conduciéndonos al desaliento y la desconfianza, o a la presunción y al yo. Debemos, por tanto, rechazar todo lo que no nos lleva a la paz, la sumisión, dulzura y confianza, todo en suma lo que no tenga la señal de Dios[39].

Una gran ayuda para preservar y aumentar esta paz interior es esforzarse en actuar de un modo tranquilo, relajado y controlado. El estrés es con frecuencia señal de la presencia paralizante de nuestro propio ego. Dios nunca es un factor de estrés. Cada persona tiene su propio ritmo, y es importante respetarlo. Quienes lo violentan sin una buena razón se distancian de Dios. Si se está en desarmonía con uno mismo, no se puede estar en armonía con Dios. La calma, paz y tranquilidad no tienen que

---

[39] *Ibid.*, p. 142-43.

acompañar siempre al bienestar físico o corporal. Crean una gran apertura a Dios, y al mismo tiempo encarnan la paz de Dios en nosotros, la paz que, escribe Pablo, debe reinar en nuestros corazones (cf. 1 Co 3, 15).

La oración de abandono

El abandono total debería ser nuestra actitud fundamental. Debemos rezar, trabajar, hablar y descansar con esta actitud. No podemos tomarnos vacaciones de este abandono. Es realmente, por sí mismo, una auténtica vacación. Pero orar es con todo una oportunidad privilegiada para practicar esta actitud fundamental. Durante nuestro trabajo cuán fácilmente nos sentimos importantes; el ego se desliza sin darnos cuenta y lo arruina todo. Pasa mucho tiempo antes de que aprendamos a preservarnos de una actitud egoísta en nuestro trabajo. Trabajamos con nuestro cuerpo, por supuesto, y tiene sus malos hábitos. La fatiga de nuestros nervios afecta e influye también en nuestro corazón. En la oración, por otra parte, nuestro cuerpo descansa, y puede incluso ayudarnos a profundizar en nuestro abandono.

Hay una oración que podemos llamar la oración del abandono. En esta oración no soy yo quien reza; dejo a Dios que rece en mí. Lo único que tengo que hacer es permanecer en la luz de Dios. San Juan de la Cruz llama a esta oración «contemplación», y la define precisamente como la oración de Dios en nosotros: «Porque contemplación nos es otra cosa que comunicación secreta, pacífica y amorosa de Dios, que, si no se le pone impedimento, inflama al alma en espíritu de amor»[40]. ¿Cómo puede uno dificultar esta comunicación divina? Pensando y hablando y tomando uno mismo la iniciativa, siguiendo en exceso la propia voluntad. A una hermana que se quejaba de estar menos recogida en la oración que durante su trabajo, De Caussade le dice: «Dios la priva de sentimientos de devoción durante la oración, para prevenir los deseos y la impaciencia que pueden suscitar. Mientras está en oración permanece exactamente como si estuviera en soledad. No le pido ni un átomo más de aplicación o atención. Continúe en este estado sin permitir a sus pensamientos detenerse en las cosas creadas y entonces estará en Dios sin saber cómo, sin sentir su presencia, ni siquiera saber cómo puede ser esto»[41].

---

[40] *La noche oscura,* Libro I, cap. 10, 6.
[41] De Caussade, *op. cit.,* p. 238.

Nuestra única ocupación en este estado debe ser: mantenernos ante la luz de Dios, para que él pueda alcanzarnos. Podemos aprender de San Juan de la Cruz cómo se hace esto. En esta área, él es uno de los grandes expertos de la historia de la Iglesia.

El estilo que han de tener en esta [noche] del sentido es que no se den nada por el discurso y meditación, pues ya no es tiempo de eso, sino que dejen estar el alma en sosiego y quietud, aunque les parezca claro que no hacen nada y que pierden tiempo, y aunque les parezca que por su flojedad no tienen gana de pensar allí nada; que harto harán en tener paciencia en perseverar en la oración sin hacer ellos nada. Solo lo que aquí han de hacer es dejar el alma libre y desembarazada y descansada de todas las noticias y pensamientos, no teniendo cuidado allí de qué pensarán y meditarán contentándose solo con una advertencia amorosa y sosegada de Dios, y estar sin cuidado y sin eficacia y sin gana de gustarle o de sentirle; porque todas estas pretensiones desquietan y distraen el alma de la sosegada quietud y ocio suave de contemplación que aquí se da[42].

Ya hemos dicho que de algún modo la vida se convierte en juego. Incluso la oración se convierte

---

[42] *La noche oscura,* Libro I, cap. 10, 4.

en juego. Uno va a la oración, escribe san Juan de la Cruz, «como que no va allí más que a estarse a su placer y anchura de espíritu»[43].

Por supuesto, no se puede experimentar todas las veces este bienestar y libertad. Esta oración de abandono puede ser árida y aburrida. Pero es realmente el amor propio lo que la hace aburrida, y eso es bueno. El amor propio debe ser tan aburrido y desesperante que finalmente se muera. «¿Pero qué hago yo?», le escribe una monja desesperada al padre De Caussade. «Nada, nada, hija mía, sino dejar actuar a Dios, y poner cuidado en no estorbar con una inoportuna actividad la operación de Dios; abstenerte incluso de actos sensibles de resignación, excepto cuando sientas que Dios te pide eso. Quédate pues como un leño, y verás más tarde las maravillas que el querer de Dios ha hecho durante esa noche silenciosa de inacción»[44].

UN TESTIMONIO: DEJARSE LLEVAR

Todo lo que se ha dicho sobre el abandono puede resumirse en el siguiente testimonio de un sacerdote.

---

[43] *Ibid.*, 5.
[44] De Caussade, *op. cit.*, p. 359.

Durante años, que me parecen siglos, he tenido un sueño, incluso cuando era un muchacho: estaba completamente solo en la tierra. Completamente solo. Me veía sentado sobre ese gran globo. Luego comenzaba. La constantemente recurrente espantosa angustia. El globo empezaba a girar a gran velocidad. Los árboles se rompían. Las montañas se hundían. El océano salía de su profundidad. El viento gritaba en mis oídos: ¡Suelta, suelta, suelta! Yo no soltaba. Me aferraba a la tierra con dientes, manos y pies. Estaba asustado. ¿Qué sería de mí en este vacío, en esta noche vacía? Nunca, nunca... Hasta que despertaba. Empapado de sudor y angustia.

Ahora tengo treinta y nueve años. He soltado. Ya hace unos seis años. Sucedió, no en un sueño, sino durante el día, en medio de la realidad, y lo noté: ahora he terminado, ahora todo puede suceder. Tristeza o alegría, todo. Aflojé mi garra. Me abandoné a la voluntad de Dios en algo que se hizo cada vez más claro, algo que era un asunto de vida o muerte. Yo me arrastraba en el vacío. Perdí mi rumbo y mi andar. Una experiencia que te lleva a la locura. Uno podría quitarse la vida. Todo te parece extraño. Siente que has perdido agarre. Perdido. Debes ser salvado, nacer de nuevo de sangre y oscuridad.

Y cuando eso ha llegado a este punto, todo deviene nuevo, incluso una flor, una mariposa, o el soplar del viento en las cañas.

Pero sobre todo Él.

Es verdaderamente un asunto de todo o nada. Es el cielo o el infierno para una persona. Uno se convierte en una persona o en una criatura inhumana. Tú estás de pie ante la elección de la plenitud de gracia, particularmente después de la Encarnación del Hijo. ¡Ahora mismo! Uno comprueba después que la vida estaba apuntando a esto desde siempre, como la Antigua Alianza a la Nueva, como la noche al día, como perder la vida a ganarla.

Escribo esto para los que lo conocen, para que puedan alegrarse conmigo en el Señor, y para los que están enfrentados con esto, para que no vuelvan atrás, pues el Señor es siempre pastor en la noche. Él te conduce por los valles oscuros y tu corazón solo puede llegar al sitio al que te lleva por valles oscuros.

Un huracán de amor ruge sobre la tierra, con su tensión, atracción, griterío: Déjate llevar, entrégate, en el nombre de Dios entrégate, todo tú, entero[45].

---

[45] Flor Hofmans (1925-1964), sacerdote flamenco, profesor de teología en Santiago de Chile.

PATMOS, LIBROS DE ESPIRITUALIDAD
Selección de títulos

ESTE LIBRO, PUBLICADO POR
EDICIONES RIALP, S. A.,
MANUEL URIBE, 13-15, 28033 MADRID,
SE TERMINÓ DE IMPRIMIR
EN ARTES GRÁFICAS ANZOS, S. L.,
FUENLABRADA (MADRID),
EL DÍA 4 DE SEPTIEMBRE DE 2025.